國際貨運代理實務

張為群 主編

財經錢線

前 言

本教材是爲國際貨物運輸代理專業編寫的專用教材,全書共七章,包括了國際貨物運輸主要方式的貨運代理業務流程及相關單證。編寫分工如下:張爲群編寫第一、二、四、五章;趙周平編寫第三章;陳秀編寫第七章第一節;李賢明和張爲群編寫第六章第一節;李賢明編寫第六章第二節、第三節和第七章第二節;張爲群擔任主編。在編寫過程中,我們得到了許丹雅副院長鄭國鑄主任的指點、關心和幫助,引用了大量專家、學者的資料,在此我們表示衷心的感謝。

由於水平有限,錯誤和疏漏在所難免,敬請讀者和同行批評指正。

目 錄

第一章 海運運費計算 ……………………………………… (1)
第一節 班輪運價及運價表 ……………………………… (1)
第二節 班輪運價的計算 ………………………………… (4)

第二章 班輪貨物運輸代理業務流程 ……………………… (8)
第一節 海運散雜貨出口貨運代理業務程序 …………… (9)
第二節 海運散雜貨進口代理業務流程 ………………… (35)
第三節 集裝箱貨物運輸代理業務流程 ………………… (47)

第三章 海運提單 …………………………………………… (67)

第四章 租船貨運代理業務 ………………………………… (80)
第一節 租船運輸的特點和方式 ………………………… (80)
第二節 航次租船合同條款 ……………………………… (81)
第三節 航次租船合同(金康格式) ……………………… (84)
第四節 技能訓練 ………………………………………… (88)

第五章 海上貨運事故的處理 ……………………………… (90)
第一節 海上貨運事故的確定 …………………………… (90)
第二節 海上貨運事故的索賠 …………………………… (91)
第三節 海上貨運事故的理賠 …………………………… (92)
第四節 關於國際海上貨物運輸合同的國際公約 ……… (93)
第五節 案例分析 ………………………………………… (94)
第六節 技能訓練 ………………………………………… (96)

第六章 國際航空貨運代理實務 …………………………… (99)
第一節 國際航空貨運代理流程 ………………………… (99)
第二節 國際航空貨物運價基本知識 …………………… (117)
第三節 技能訓練 ………………………………………… (123)

1

目　錄

第七章　國際鐵路聯運和國際多式聯運 …………………………（128）
第一節　國際鐵路貨物聯運進出口貨物運輸代理業務流程 ……（128）
第二節　國際多式聯運業務流程 …………………………………（145）
第三節　技能訓練 …………………………………………………（149）

第一章 海運運費計算

提示：

通過本章的學習，學生能掌握海洋運輸中雜貨班輪運費的計算方法和集裝箱班輪運費的計算方法。

海洋運輸是指用船舶通過海上航道運送貨物和旅客的一種運輸方式。海洋運輸是國際貿易中最主要的運輸方式，國際貿易總運量中 2/3 以上、中國進出口貨物總量的 90% 都是利用海上運輸的。目前國際海洋船舶營運方式可分為兩大類：班輪運輸（定期船運輸）和租船運輸（不定期船運輸）。

第一節 班輪運價及運價表

一、班輪運輸的概念

班輪運輸（Liner Shipping）又稱定期船運輸，是指班輪公司將船舶按事先制定的船期表，在特定航線的各掛靠港口之間，為非特定的眾多貨主提供規則的、反覆的貨物運輸服務，並按運價本或協議運價的規定計收運費的一種營運方式。

二、班輪運輸的特點

（1）具有「四固定」的特點，即固定航線、固定港口、固定船期和相對固定的費率。這是班輪運輸的基本特徵。

（2）班輪運價內包括裝卸費用，即貨物由承運人負責配載裝卸，承運人和托運人雙方不另外計滯期費和速遣費。

（3）承運人對貨物負責的期間是從貨物裝上船起，到貨物卸下船時止，即「船舷至船舷」或「鈎至鈎」。

（4）承運人和托運人雙方的權利、義務和責任豁免以簽發的提單條款為依據，並受統一的國際公約制約。

由於班輪運輸具有上述特點,採用這種運輸經營方式極大地方便了貨主,有利於一般雜貨和不足整船的小額貿易貨物的運輸。「四固定」的特點使得時間有保證,運價固定,為貿易雙方洽談價格和裝運條件提供了方便。而事先公布船期、運價費率,有利於貿易雙方達成交易,減少磋商內容。此外,其手續簡便,有利於促進國際貿易的發展。

三、班輪運價和運價表

(一)班輪運價

班輪運費是承運人為承運貨物而收取的報酬。計算運費的單價(或費率)則稱班輪運價。班輪運價包括貨物從起運港到目的港的運輸費用以及貨物在起運港和目的港的裝、卸費用。班輪運價一般是以運價表的形式公布的,比較固定。它由基本運費和各種附加運費構成。

(二)班輪運價表

1. 班輪運價表的分類

從運價表的制訂來劃分:

(1)班輪公會運價表——由班輪公會制訂的運價表,亦為參加公會的班輪公司所使用,規定的運價比較高,是一種壟斷性的價格,承運的條件也有利於船方。如遠東水腳公會運價表屬於班輪公會運價表。

(2)班輪公司運價表——由班輪公司自己制定的運價表,如中遠集團運價表。

(3)貨方運價表——由貨方制定,船方接受使用的運價表。能制定運價表的貨方,一般是較大的貨主,並能保證常年有穩定的貨源供應。中外運的運價表即屬貨方運價表。

2. 班輪運價表的內容

班輪運價表一般包括以下內容:

(1)說明及有關規定:這部分內容主要是該運價表的適用範圍、計價貨幣、計價單位及其他的有關規定。

(2)港口規定及條款:主要是將一些國家或地區的港口規定列入運價表內。

(3)貨物分級表:列明各種貨物所屬的運價等級和計費標準。

(4)航線費率表:列明不同的航線及不同等級貨物的基本運費率。

(5)附加費率表:列明各種附加費及其計收的標準。

(6)冷藏貨費率表及活牲畜費率表:列明各種冷藏貨物和活牲畜的計費標準及費率。

3. 實務範本

表1-1　　　　　　　　　　班輪貨物分級表(節選)
CLASSIFICATION OF COMMODITIES GENERAL CARGO

COMMODITY	BASIS	CLASS
…	…	…
Fishing Implements	M	9
Fish, Shrimps, dried, brined	W	13
Flint	W	3
Flour	W	5

Fluorspar	W	4
Footwear, N. O. E.	M	11
Fruits, dried	M	11
Fruits, fresh	M	7
Fruit, juice	M	8
…	…	…

表 1－2　　班輪航線費率表(中國一加拿大)節選

SCALE OF CLASS RATES FOR CHINA – CANADA SERVICE

In H. K. Dollars

Class	West Canada / East Canada Halifax Vancouver	Montreal, St. John	Quebec, Toronto Hamilton
1	150.00	177.00	193.00
2	159.00	185.00	202.00
3	167.00	193.00	211.00
4	175.00	201.00	220.00
5	183.00	215.00	235.00
6	194.00	231.00	252.00
7	205.00	248.00	270.00
8	219.00	264.00	288.00
9	235.00	283.00	309.00
10	257.00	305.00	333.00
11	285.00	337.00	368.00
12	317.00	373.00	407.00
13	350.00	414.00	451.00
14	383.00	454.00	496.00
15	416.00	495.00	540.00
16	449.00	536.00	585.00
17	492.00	591.00	644.00
18	547.00	645.00	704.00
19	629.00	735.00	802.00
20	711.00	844.00	920.00
Ad. Val	4%	4%	4%

第二節　班輪運價的計算

一、班輪運價的計算標準

(1)按貨物的毛重計收。在運價表中,以字母「W」(Weight)表示。一般以一公噸為計算單位。

(2)按貨物的體積計收。在運價表中,以字母「M」(Measurement)表示。一般以一立方米為計算單位。

(3)按貨物的毛重或體積計收運費,計收時取其數量較高者。在運價表中以「W/M」表示。按慣例一重量噸貨物的體積超過1立方米或40立方英尺者即按體積收費;重量噸貨物其體積不足1立方米或40立方英尺者,按毛重計收。

(4)按貨物的價格計收運費,又稱從價運費。在運價表中以「Ad. Val」表示。一般按商品的FOB貨價的百分之幾計算運費。按從價計算運費的,一般都屬價值高的貨物。

(5)按貨物重量或體積或價值三者中最高的一種計收。在運價表中以「W/M or Ad. Val」表示,也有按貨物重量或體積計收,然後再加收一定百分比的從價運費。在運價表中以「W/M plus Ad. Val」表示。

(6)起碼運費和起碼提單(Minimum Charge and Minimum B/L):每張提單應收的最低運費稱起碼運費;按起碼運費收運費的提單叫起碼提單。件雜貨和拼箱貨一般不足一個運費噸的貨物,按起碼運費收費。

海運以重量噸或尺碼噸計算運費,統稱運費噸(F. T)。

二、班輪運費的計算(雜貨班輪運費計算,集裝班輪運費計算)

班輪運費由基本運費和各種附加費構成。基本運費是指對運輸每批貨物必須收取的運費。附加費是對一些需要特殊處理的貨物或由於客觀情況的變化運輸費用大幅度增加,班輪公司為彌補損失而額外加收的費用。附加費的種類很多,但各種附加費的計算方法主要有兩種:一種以百分比計算,即在基本費率的基礎上增加一個百分比;另一種是用絕對數表示,就是每運費噸增加若干費用。班輪運價費的計算包括雜貨班輪運費計算和集裝班輪運費計算。

(一)雜貨班輪運費的計算方法

1. 雜貨班輪運費的計算公式

雜貨班輪運價由基本運費和各種附加運費構成。

(1)在沒有任何附加費的情況下,其計算公式如下:

$F = f \times Q$

式中:

F——運費總額

f——基本運費率

Q——貨運量

(2)在有各種附加費而且附加費按基本費率的百分比收取的情況下,其計算公式

如下：

$$F = fQ(1 + S_1 + S_2 + S_3 + \cdots + S_n)$$

式中 $S_1, S_2, \cdots, S_n$ 為各項附加費的百分比。

（3）在各項附加費按絕對數收取的情況下，其計算公式如下：

$$F = fQ + (S_1 + S_2 + S_3 + \cdots + S_n) \times Q$$

式中 $S_1, S_2, \cdots, S_n$ 為各項附加費的絕對數。

2. 計算舉例

【例1-1】四川某物流公司為上海某公司代理一批全棉坯布的出口運輸，貨物毛重為102.000公噸，尺碼為304.000立方米，目的港為新加坡，試計算出口運費總額為多少美元。當代理費為運費的3%時，求代理費是多少美元。

表1-3　　　　　　　　　　　貨物分級表（節選）

COMMODITIES （貨名）	CLASS （級別）	BASIS （計費重量）
COMPUTER AND DUPLICATOR （計算機和複印機）	12	W/M
COTTON GOODS AND PIECE GOODS （棉布及棉紗）	10	M
COTTON THREAD AND YARN （棉線及棉紗）	9	M
…	…	…

表1-4　　　　　　　　　　　費率表（節選）

亞　洲　散　貨

中國香港、日本、新加坡、馬來西亞、泰國、印度尼西亞

Hongkong	Hongkong
Japan	Kawasaki Kobe Moji Nagoya Osaka Shimizu Tokyo Yokohama Yokkaichi
Singapore	Singapore
Malaysia	Port Kelang　Penang
Thailand	Bangkok
Indonesia	Djakarta(Jakarta) Semarang　Surabaya　Medan

貨物等級 Class	運費率 Hongkong US $/FT	運費率 Japan US $/FT	運費率 Singapore US $/FT	運費率 Malaysia US $/FT	運費率 Thailand US $/FT	運費率 Indonesia US $/FT
…	…	…	…	…	…	…
9	23.00	51.50	35.00	38.00	35.00	34.00
10	24.00	52.00	36.00	39.00	36.00	36.00
11	24.50	53.00	37.00	40.00	37.00	37.00
…	…	…	…	…	…	…

解：（1）查貨物分級表知全棉細坯布為10級，計算標準為 M。

(2)從中國到新加坡的費率表查得 10 級貨物的基本費率為 36 美元。

(3)代入計算公式：

F = f × Q

= 36.00 × 304.000

= 10,944.00(美元)

(4)代理費：10,944.00 × 3% = 328.32(美元)

答：這批全棉坯布的出口運費是 10,944.00 美元，代理費是 328.32 美元。

【例 1—2】某貨輪從廣州港裝運蛋製品直航英國倫敦，毛重是 20 噸，共計 22 立方米，蛋製品為 12 級貨，按「W/M」標準計費，每運費噸基本費率是 116 元，燃油附加費按 35%計，另有直航附加費每運費噸 18 元，求總運費是多少元。

解：計費標準是「W/M」，且 22＞20，按 22 運費噸計費。

F = 116 × 22 × (1 + 35%) + 18 × 22 = 3,841.20(元)

答：這批貨物的出口總運費是 3,841.20(元)。

(二)集裝箱班輪運費的計算

1. 基本運費的計算方法

(1)採用與計算普通雜貨班輪運費相同的方法，對具體的航線按貨物的等級和不同的計費標準來計算運費，主要用於拼箱貨。

(2)包箱費率。根據具體航線，按貨物的等級、箱型、尺寸的包箱費率來計算運費；或僅按箱型、尺寸而不考慮貨物種類和級別的包箱費率來計算運費。

2. 計算舉例

【例 1—3】一票貨物從張家港出口到歐洲費力克斯托，經上海轉船，2 × 20』FCL，上海到費力克斯托的費率是 USD 1,850.00/20』，張家港經上海轉船，基本費率在上海直達費力克斯托的費率基礎上加 USD 100/20』，另有貨幣貶值附加費 10%，燃油附加費 5%。問：托運人應支付多少運費？

解：基本運費 = (1,850 + 100) × 2 = 3,900(USD)

燃油費 = (1,850 + 100) × 5% × 2 = 195(USD)

貨幣貶值附加費 = (3,900 + 195) × 10% = 409.5(USD)

總額 = 3,900 + 195 + 409.5 = 4,504.5(USD)

答：托運人應支付運費 USD 4,504.5。

三、計算訓練

1. 從天津港運往漢堡/不來梅/倫敦港毛巾一批計 300 箱，每箱重量為 60kg，每箱體積為 0.1 立方米。查費率表得知該貨物的計費標準為 W/M 6 級，該航線的基本費率為每噸 120 美元，另有港口附加費每噸 14 美元，選卸港附加費 30%，燃油附加費 15%，求該批貨物的總運費。

2. 某進出口公司委託一國際貨運代理企業代辦一小桶貨物以海運方式出口國外。貨物的重量為 0.5 噸，小桶(圓的)的直徑為 0.7 米，小桶高為 1 米。貨代最後為貨主找到一雜貨班輪公司實際承運該貨物。貨代查了船公司的運價本，運價本中對該貨物運輸航線、港口、運價等的規定為：基本運費是每運費噸 100 美元(USD 100/Freight Ton)；燃油附加費按基本運費增收 10%(BAF10%)；貨幣貶值附加費按基本運費增收 10%

（CAF10％）；計費標準是「W/M」；起碼提單按 1 運費噸計算（Minimum Freight：one freight ton）。你作為貨運代理人，請計算該批貨物的運費並告訴貨主以下內容：

（1）貨物的計費噸（運費噸）是多少？

（2）該批貨物的基本運費是多少？

（3）該批貨物的附加運費是多少？總的運費是多少？

3. 某公司向日本出口凍驢肉 30 公噸，共需裝 1,500 箱，每箱毛重 25kg，每箱體積為 20cm×30cm×40cm。原對日報價每箱 FOB 新港 30 美元，日商回電要求改報 CFR 神戶。問該批貨物的運費是多少？CFR 價每箱應為多少美元（設去日本航線每運費噸的運價為 144 美元，計費標準是「W/M」）？

4. 由天津新港運往莫桑比克首都馬普托門鎖 500 箱，每箱體積為 $0.025m^3$，毛重為 30kg，計費標準是「W/M」。問該批門鎖的運費為多少（設去馬普托每運費噸的運費為 450 港元，另加收燃油附加費 20％，港口附加費 10％）？

5. 某出口公司向馬來西亞出口大型機床一臺，其毛重為 7.5 公噸，目的港為巴生港或檳城。運送機床去新馬航線的基本費率每一運費噸為 1,500 港元，另加收超重附加費每運費噸 28 港元，選港費 20 港元。問該機床的運費為多少？

6. 設我按 CFR 價格條件向西非加那利群島的那斯帕耳馬斯（Las Palmas）出口洗衣粉 100 箱。該商品的內包裝為塑料袋，每袋 1 磅；外包裝為紙箱，每箱裝 100 袋。箱的尺寸為：長 47cm、寬 39cm、高 26cm。查費率表得知該貨物為 5 級貨，計費標準為 M，每尺碼噸基本運費為 367 港元，另加轉船費 15％、燃油附加費 33％、港口擁擠費 5％。問應如何計算該批貨物的運費？

7. 某輪從廣州港裝載雜貨——人造纖維（體積為 20 立方米，毛重為 17.8 公噸）運往歐洲某港口，托運人要求選擇卸貨港 Rotterdam 或 Hamburg，Rotterdam 和 Hamburg 都是基本港，基本運費率為 USD 50.0/FT，兩個以內選卸貨港的附加費率為每運費噸加收 USD 3.0，計費標準為「W/M」。請問：

（1）托運人應支付多少運費（以美元計）？

（2）如果改用集裝箱運輸，海運費的基本費率為 USD 1,100/TEU，貨幣附加費 10％，燃油附加費 10％/USD，改用集裝箱運輸後，該托運人應支付多少運費（以美元計）？

（3）不計雜貨運輸和集裝箱運輸兩種方式的其他費用，托運人從運費考慮，是否應選擇改用集裝箱運輸？

8. 上海向巴西出口襯衣 100 立方米，需經香港轉船運往目的港。假定該貨物等級為 10 級，計費標準為「M」，第一程運費為每立方米 25 美元，第二程為 140 美元/F.T，中轉費為 75 港元/F.T（美元同港元的比率為 1∶7.8），燃油附加費按基本運價的 10％ 計算，求該批襯衣應付的運費總額。

9. 中國某港運往南斯拉夫里耶卡港（非基本港）的貨物需要在馬賽或熱那亞轉船，除去一程運費要加收 13％ 的燃油附加費外，所加收的轉船附加費（基本運費的 50％）也要加收 13％ 的燃油附加費。這批貨物相關數據分別為 2 公噸、4 立方米、M8 級、一程運價為 213.5 港元，二程運價為 50 港元，求全程運費。

第二章
班輪貨物運輸代理業務流程

提示：

通過本章的學習，學生不僅能熟悉雜貨和集裝箱班輪貨物運輸代理業務流程，還能掌握各個貨物運輸代理業務流程中運輸單證的填製方法。

班輪貨物運輸代理業務流程分為散雜貨班輪貨運代理業務程序和集裝箱貨運代理業務流程。其基本業務流程如下圖：

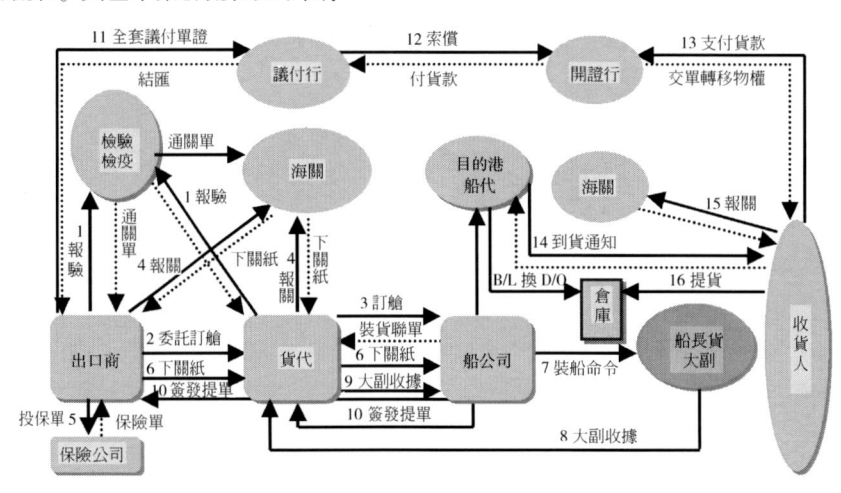

圖2－1　海運貨物及單證主要流程示意圖

說明：

貨物出口各主要環節所需單證如下：

1. 檢驗、檢疫：出境貨物報驗單。隨附單證：合同、信用證副本、商業發票、裝箱/重量單、廠檢單等。返回通關單。

2. 委託訂艙、租船：①海運出口貨物代運委託書(Shipping Note, S/N)。出口企業向貨代提出訂艙委託。②訂艙委託書(Booking Note)，即托運單(B/N)。貨代向船代或船公司提出配艙委託。③裝船回單。船公司配載後，在訂艙委託書上編號(將來的提單

號),蓋章並連同裝貨單(Shipping Order, S/O)退還給貨代,表示承運,同時運輸合同成立。貨代將裝貨單交給托運人(指出口企業自行報關情況)。

3. 貨物報關:進出口貨物報關單。隨附單證:船公司簽署的裝貨單(S/O)、合同或信用證副本、通關單、發票、裝箱/重量單、出口收匯核銷單、出口許可證(必要時)、配額許可證(必要時)、進/來料加工手冊(必要時)等。海關在裝貨單上蓋章放行,並將裝箱單退還報關人(貨代或出口企業)。

4a. 貨物保險:投保單、保險單。出口企業收到船公司配艙回單後,立即向當地保險公司投保,保險公司同意承保後,返還蓋章投保單。出口企業繕製保險單。

4b. 貨物運輸:①裝船命令即下關紙。出口企業或貨代持海關蓋章並由船公司或船代理簽署的裝貨單(俗稱下關紙),要求船公司裝貨。②船長收據(Master's Receipt)或大副收據(Mate's Receipt)。貨裝船後,船上船長或大副簽署收據,並註明包裝情況,交還貨代。③海運提單。貨代持大副收據,向船公司換取正本已裝船提單,並支付運費。④出口企業(委託貨代報關的)向貨代支付運費,取得全套已裝船提單,憑此結匯。

若出口企業自行租船、訂艙,自行報關,單證流轉程序略有改變,但基本程序不變。

第一節　海運散雜貨出口貨運代理業務程序

一、散雜貨班輪出口貨代業務程序

海運出口貨運代理業務的全過程是從承攬和接受貨物開始,安排貨物裝船,運至國外目的地,直至將貨物送交收貨人。其基本業務流程如下:

(一)攬貨和接受委託

在競爭激烈的貨代業務中,大多數貨運代理以廣告、優質服務等來爭取更多的貨源,也有用降低運費或以不同名目的回扣、暗扣等手段來爭取貨源的。大的貨運代理與班輪公司和發貨人都有臨時或長期的代理協議(出口貨代運委託書),如此既保證班輪公司的利益,又保證貨物能及時出運。

1. 海運出口貨物代理委託書

海運出口貨物代理委託書簡稱委託書,具有如下兩種功能:

其一,海運出口貨物代理委託書是委託方(出口企業)向被委託方(貨運代理人)提出的一種要約,被委託方一經書面確定就意味著雙方之間契約行為的成立,因此代理委託書應有委託單位蓋章,以便成為有效的法律文件。貨運代理人接到代理委託書後,要對委託書認真審核,如不能接受或某些要求無法滿足,應及時做出回應,以免耽誤船期,承擔不必要的法律責任。

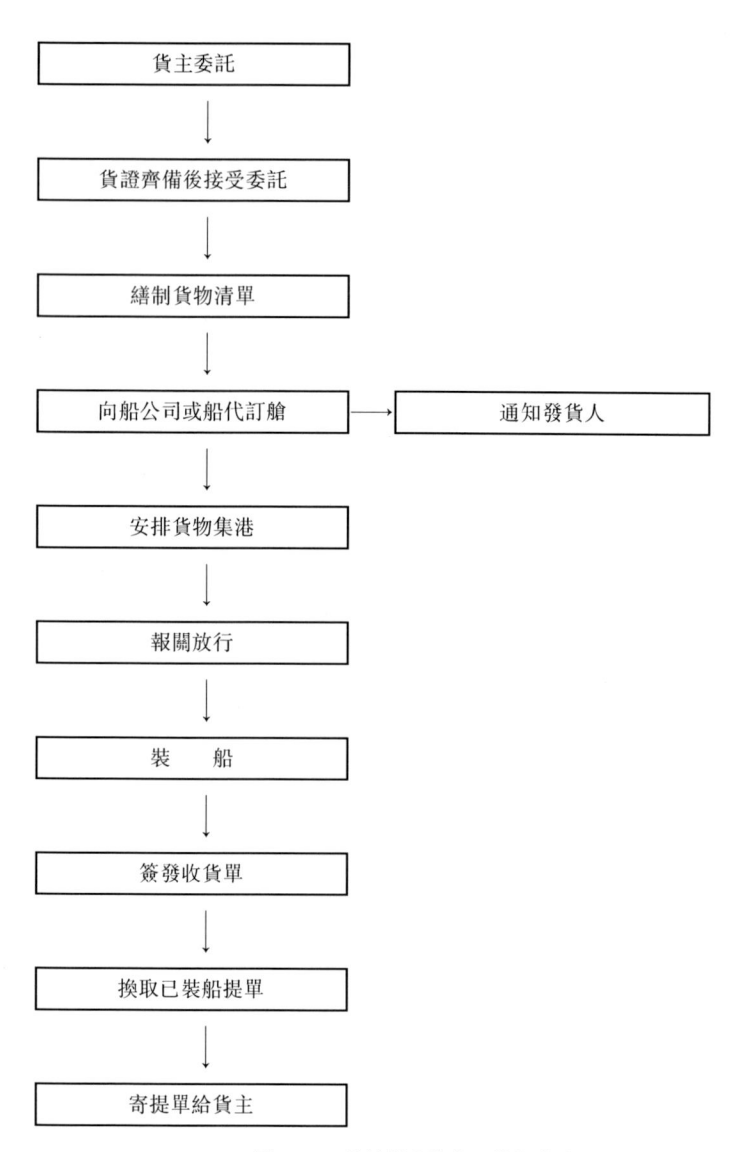

```
         ┌──────────────┐
         │   貨主委託    │
         └──────┬───────┘
                ↓
      ┌──────────────────┐
      │ 貨證齊備後接受委託 │
      └────────┬─────────┘
               ↓
       ┌──────────────┐
       │  繕製貨物清單  │
       └──────┬───────┘
              ↓
     ┌──────────────────┐     ┌──────────────┐
     │ 向船公司或船代訂艙 │ ──→ │  通知發貨人   │
     └────────┬─────────┘     └──────────────┘
              ↓
       ┌──────────────┐
       │  安排貨物集港  │
       └──────┬───────┘
              ↓
       ┌──────────────┐
       │   報關放行    │
       └──────┬───────┘
              ↓
       ┌──────────────┐
       │   裝　　船    │
       └──────┬───────┘
              ↓
       ┌──────────────┐
       │   簽發收貨單  │
       └──────┬───────┘
              ↓
       ┌──────────────┐
       │ 換取已裝船提單 │
       └──────┬───────┘
              ↓
       ┌──────────────┐
       │  寄提單給貨主  │
       └──────────────┘
```

圖 2-2　散雜貨班輪出口貨代業務程序圖

其二，海運出口貨物代理委託書是貨運代理的工作依據，應詳細列明托運的各項資料及委託事項和工作要求。

2. 出口貨物代理委託書格式

委託書格式如下表：

表 2-1　　　　　　　　　海運進出口貨物代運委託書

委託編號		提單號		合同號		委託日期	
發貨人名稱地址				唛頭標記			
收貨人名稱地址							
通知方名稱地址							

貨物詳細情況							
編號	件數及包裝		貨物說明		重量		體積

裝船日期		可否轉船		可否分批裝運	
結匯期限		提單份數	正本	副本	
運費及支付地點					
備註					

委託人簽字	貨運代理或承運人簽字
地址 電話	地址 電話

3. 填製方法

(1) 委託單位編號:出口企業與貨運代理間商定的對口編號,一般為出口發票編號。

(2) 提單號:不填,待接受委託、訂艙後填寫。

(3) 合同號和委託日期:如實填寫。

(4) 發貨人名稱地址:按信用證或合同規定填寫,一般為信用證的受益人,即出口商。

(5) 收貨人名稱地址:按信用證或合同規定填寫,一般為 To Order 或 To Order Of ×××。

(6) 通知人名稱地址:按信用證或合同規定填寫。如信用證未作具體規定,一般正本留空不填,副本填信用證的開證申請人。

(7) 裝貨港和目的港:按信用證或合同規定填寫。

(8) 船名:不填。

(9) 件數及包裝式樣:一般件雜貨以件數作為數量單位,如一批貨物有兩種或兩種以

上的包裝形式,需標明每種包裝的數量和各種包裝相加的總數;大宗散裝貨應註明噸數和散裝(In Bulk)字樣。

(10)貨物說明:按信用證或合同規定填寫,這是製作提單的依據。

(11)重量/體積:填寫實際貨物的總毛重和總體積。

(12)需要的提單份數:按信用證規定填寫;如信用證規定為全套,則正本為一式三份。

(13)運費支付地點:填寫信用證規定的繳付方法,或「Freight Prepaid(運費預付)」或「Freight To Collect(運費到付)」。

(14)代發裝船電報、地址:一般為買方的電報、地址。

(15)備註:填寫信用證中對提單內容的特殊要求或委託人對貨運代理的要求。

4. 海運進出口貨物代運委託書填製

(1)用此信用證作為本節操作實例的依據

MT S700	ISSUE OF A DOCUMENTARY CREDIT
FORM OF DOC CREDIT	*40A:IRREVOCABLE
DOC CREDIT NUMBER	*20:T-057651
DATE OF ISSUE	*31C:050616
EXPIRY	*31D:DATE 050731 PLACE AT THE NEGO BANK
APPLICANT	*50:ABC TRADING P. O. BOX 1236,60078 SIBU, MALAYSIA
BENEFICIARY	*59:SICHUAN XIHUA IMPORT AND EXPORT COMPANY LTD. NO. 107 WENHUA ROAD CHENGDU,CHINA
AMOUNT	*32B:CURRENCY USD AMOUNT 10,800.00
AVAILABLE WITH/BY	*41D:ANY BANK BY NEGOTIATION
DRAFTS AT...	*42C:SIGHT
DRAWEE	*42A:HOCK HUA BANK BERHAD SIBU,MALAYSIA
PARTIAL SHIPMENTS	43P:ALLOWED
TRANSSHIPMENT	43T:ALLOWED
LOADING IN CHARGE	44A:CHINA
FOR TRANSPORT TO...	44B:SIBU,MALAYSIA
LATEST DATE OF SHIP	44C:050718
DESCRIPT OF GOODS	45A:AGRICULTURAL IMPLEMENT 300 DOZEN S301B SHOVEL 200 DOZEN S302B SHOVEL AT USD 21.60 PER DOZEN CIF SIBU
DOCUMENTS REQUIRED	46A:* SIGNED COMMERCIAL

	INVOICE IN THREE FOLD
	* PACKING LIST AND WEIGHT NOTE IN THREE FOLD
	* FULL SET OF CLEAN ON BOARD OCEAN BILLS OF LADING MADE OUT TO ORDER OF HOCK HUA BANK BERHAD AND ENDORSED IN BLANK MARKED FREIGHT PREPAID AND NOTIFY APPLICANT
	* MARINE INSURANCE POLICY/CERTIFICATE ENDORSED IN BLANK FOR FULL CIF VALUE PLUS 10 PERCENT SHOWING CLAIMS IF ANY PAYABLE AT DESTINATION IN THE CURRENCY OF THE DRAFT COVERING ALL RISKS AND WAR RISK AS PRE CIC
	* CERTIFICATE OF ORIGIN
	* COPY OF FAX SENT BY BENEFICIARY TO THE APPLICANT ADVISING DESPATCH WITH SHIP'S NAME BILL OF LADING NUMBER AND DATE AMOUNT AND DESTINATION PORT
ADDITIONAL COND	47A: * DOCUMENTS MUST BE NEGOTIATED IN CONFORMITY WITH THE CREDIT TERMS
	* A FEE OF USD 50 OR EQUIVALENT IS TO BE DEDUCTED FROM EACH DRAWING FOR THE ACCOUNT OF BENEFICIARY IF DOCUMENTS ARE PRESENTED WITH DISCREPANCY(IES)
	* COMBINED TRANSPORT B/L ACCEPTABLE
	* ONE FULL SET OF NON-NEGOTIABLE SHIPPING DOCUMENTS MUST BE FORWARDED TO THE APPLICANT IMMEDIATELY AFTER SHIPMENT A BENEFICIARY'S CERTIFICATE TO THIS EFECT IS REQUIRED
DETAILS OF CHARGES	71B: ALL BANKING CHARGES INCLUDING REIM CHARGE OUTSIDE MALAYSIA ARE FOR ACCOUNT OF BENEFICIARY
PRESENTATION PERIOD	48: WITHIN 15 DAYS AFTER THE DATE OF SHIPMENT BUT WITHIN THE VALIDITY OF THE CREDIT
CONFIRMATION	*49: WITHOUT

REIMBURSING BANK　　　　53A：UNION BANK OF CALIFORNIA
　　　　　　　　　　　　　　　　INTERNATIONAL NEW YORK，U.S.A
INSTRUCTIONS　　　　　　78：ALL DOCS MUST BE MAILED TO HOCK HUA
　　　　　　　　　　　　　　　BANK BERHAD，SIBU BY COURIER IN ONE LOT
SEND TO REC INFO　　　　72：THIS IS OPERATIVE INSTRUMENT
　　　　　　　　　　　　　　　THIS CREDIT IS SUBJECT TO UCP（1993 REV）
　　　　　　　　　　　　　　　I.C.C PUB 500
　　　　　　　　　　　　　　　REIMBURSEMENTS UNDER THIS CREDIT ARE
　　　　　　　　　　　　　　　SUBJECT TO THE URR NO. 525

其他資料：
INVOICE NO：HYL—B008
500 DOZEN IN 500 GUNNY BAGS
S/C NO：2005AG018
B/L NO：CPS5501
INSURANCE POLICY NO：ZC32/20051865
VESSEL：DONGENG V. 122
SHIPPING MARK：ABC/SIBU/NOS. 1—500
MEASUREMENT：46m^3
TOTAL G. W：120,000.00KGS
　　　　T. W：110,000.00KGS
PORT OF LOADING：SHANGHAI
代運編號：TBB230　托運單編號：086
代理人：SINOTRANS　SICHUAN CO SICHUAN BRANCH　王寧
地址（Address）：16 XINHUA ROAD CHENGDU，CHINA
電話（Telephone）：028－86753769
委託人電話（Telephone）：028－87632168
(2)海運進出口貨物代運委託書填製實例

表 2－2　　　　　　　　　　海運進出口貨物代運委託書

委託編號 Entrusting Serial NO：HYL—B008	提單號 B/L NO CPS5501	合同號 Contract No 2005AG018	委託日 Entrusting Date June 16, 2005
發貨人名稱地址：Shipper (Full Name and Address) SICHUAN XIHUA IMPORT AND EXPORT COMPANY LTD. NO. 107 WENHUA ROAD, CHENGDU, CHINA		ABC SIBU NOS. 1－500	
收貨人名稱地址：Consignee (Full Name and Address) TO ORDER OF HOCK HUA BANK BERHAD			
通知方名稱地址：Notify Party (Full Name and Address) ABC TRADING P. O. BOX1236, 60078 SIBU, MALAYSIA			
裝貨港 Port of Loading SHANGHAI	目的港 Port of Destination SIBU	船名 Vessel Name	

編號 Number	件數與包裝 NO and Kind of Packages	貨物說明 Description of Goods	重量 Weight in KG	體積 Measurement in CBM
TBB230	500 GUNNY BAGS	AGRICULTURAL IMPLEMENT 300 DOZEN S301B SHOVEL 200 DOZEN S302B SHOVEL	120,000.00KGS	46m³

裝船日期 Loading Date	可否轉船 If Transshipment Allowed	可否分批 If Partial Shipment Allowed	
結匯 L/C Expiry Date	提單份數 Copies of B/L 3	正本 Original 3	副本 Copy

運費及支付地點 (Freight Payable at)：FREIGHT PREPAID SHANGHAI

備註：
Remark

委託人 (Entrusting Party) 簽字 Signed to the：
SICHUAN YIHAI IMPORT AND EXPORT COMPANY LTD. 高 路
地址 (Address)：
NO. 91 WENHUA ROAD, CHENGDU, CHINA
電話 (Telephone)：
028－87632168

　　　　　　　　　　　　　　　　代理人 (Agent) 簽字 Signed to the：

SINOTRANS SICHUAN CO SICHUAN BRANCH
李明
地址（Address）:16 XINHUA ROAD,CHENGDU,CHINA
電話（Telephone）:028-86753769

(二)訂艙

货运代理人接受委托后,应根据货主提供的贸易合同或信用证条款的规定,或根据受主所填的海运出口货物代运委托书,在货物出运之前的一定时间内,向船公司或船公司在装货港的代理申请订艙,填制订艙委托书(在实际工作中订艙委托书已与托运单合而为一)。海洋运输有两种方式:传统散货运输、现代集装箱运输。两种运输方式分别使用不同格式的托运单。

1. 海运出口(散货)托运单

海运出口(散货)托运单格式如下:

表2-3　　　　　　　　海运出口托运单

托运人
SHIPPER _____

编号　　　　　　　　　　船名
NO _____　　　　S/S _____

目的港
TO _____

标记及号码 MARKS & NOS	件　数 QUANTITY	货名 DESCRIPTION OF GOODS	重量千克 WEIGHT KILOS	
			净 NET	毛 GROSS
共计件数(大写)TOTAL NUMBER OF PACKAGES IN WRITING			运费付款方式	
运费 计算			尺　码 MEASURE-MENT	
备注				
通知	可否 转船		可否 分批	
收货 人	装期		有效期	
	金额		提单张数	
配货要求	银行编号		信用证号	

托运人或代理人签字:

2. 托运单的填写方法

散货运输托运单是在装货单和收货单(大副收据)基础上发展而成的一种多功能单据,其内容及填制方法如下:

(1)SHIPPER(托运人):此处一般填写出口合同的卖方,信用证支付方式下应与信用证受益人的名称、地址一致。

(2)NO. S/S(編號、船名)：此為托運單的順序編號，船名可留給船方安排船只艙位後填寫。

　　(3)TO(目的港)：按合同/信用證規定填寫目的港具體名稱，遇世界重名港口時，應在港口名稱後面加註國名。

　　(4)MARKS & NOS(標記及號碼)：本欄應按合同或信用證規定的內容和形式填寫，如沒有規定，可由出口商自己編製，沒有嘜頭則填「N/M」。

　　(5)QUANTITY(件數)：按最大包裝實際件數填寫，應與嘜頭中的件數一致。

　　(6)DESCRIPTION OF GOODS(貨名)：本欄填寫貨物大類名稱或統稱，與發票(信用證)中的貨名一致。運費到付(FREIGHT TO COLLECT)或運費預付(FREIGHT PRE-PAID)也可借用此欄加以註明。

　　(7)WEIGHT(重量)：本欄內容是計算船只受載噸位和運費的基礎資料，以千克為單位，須分別填寫整批貨物的毛重和淨重。

　　(8)MEASUREMENT(尺碼)：本欄填寫整批貨物的體積實數，以立方米為單位，是計算運費的主要依據之一，計算應務求準確。

　　(9)PARTIAL SHIPMENT, TRANSSHIPMENT(分批轉船)：本欄應嚴格按合同或信用證填寫「允許」或「不允許」。

　　(10)DATE OF SHIPMENT, DATE OF EXPIRY(裝運期、有效期)：本欄根據信用證規定的最遲裝運和議付有效期分別填寫。

　　(11)CONSIGNEE(收貨人)：本欄一般根據信用證要求填寫「TO ORDER/TO ORDER OF SHIPPER」。

　　(12)NOTIFY(通知人)：本欄填寫接受船方發出貨到通知的人的名稱與地址。

　　(13)備註欄：填寫信用證中有關運輸方面的特殊要求。

　　托運單的填寫必須清楚、具體，內容必須真實、可靠，與貨物、信用證規定一致。

3. 海運出口托運單填寫實例

表2-4　　　　　　　　　海運出口托運單

托運人
SHIPPER　SICHUAN XIHUA IMPORT AND EXPORT COMPANY LTD.
　　　　　　NO. 107 WENHUA ROAD CHENGDU, CHINA

編號　　　　　　船名
NO　086　　　　S/S _____

目的港
　TO　SIBU

標記及號碼 MARKS & NOS	件　數 QUANTITY	貨　名 DESCRIPTION OF GOODS	重量千克 WEIGHT KILOS	
ABC NOS. 1—500	500 GUNNY BAGS	AGRICULTURAL IMPLE-MENT SIBU 300 DOZEN S301B SHOVEL 200 DOZEN S302B SHOVEL	淨 NET 110,000.00 KGS	毛 GROSS 120,000.00 KGS
共計件數(大寫) TOTAL NUMBER OF PACKAGES IN WRITING SAY FIVE HUNDRED GUNNY BAGS ONLY			運費付款方式 FREIGHT PREPAID	

運費 計算			尺碼 MEASURE- MENT	46m³
備註				
通知	ABC TRADING P.O. BOX1236, 60078 SIBU, MALAYSIA	可否 轉船	ALLOWED	可否 分批	ALLOWED
收貨人	TO ORDER OF HOCK HUA BANK BERHAD	裝期	050716	有效期	050731
		金額	USD 10,800.00	提單張數	THREE (3)
配貨要求		銀行編號		信用證號	T-057651

托運人或代理人簽字：
SINOTRANS SICHUAN CO SICHUAN BRANCH
　　李明　　AS AGENT ONLY
　　June 18, 2005

(三) 裝船前的準備工作

在通常情況下，根據訂艙委託，船公司在指定時間內將指定船舶開抵指定港口受載。在船舶到港之前，貨運代理必須做好下列裝船準備工作：

(1)將訂艙托運單遞交給船公司或其代理人，並由船公司或其代理人提供提單號、船名、航次，然後制出裝貨聯單。裝貨聯單包括托運單及留底、裝貨單、收貨單四聯。托運單在有效期內經承運人或其代理人簽署並以裝貨單的形式送到托運人手中，便意味著該托運事宜承運人已接受，運輸合同成立。有關合同賦予當事人權利、義務與責任，適用承運人提單條款規定。

1) 裝貨單的格式如下：

表2-5　　　　　　　　　　裝貨單
　　　　　　　　　　　SHIPPING ORDER

托運人
Shipper

編號　　　　　　　　　　船名
No.　　　　　　　　　　S/S

目的港
For

茲將下列完好狀況之貨物裝船後希簽署收貨單
Received on board the undermentioned goods apparent in good order and condition and sign the accompanying receipt for the same

標記及號碼 Marks and Nos	件　數 Quantity	貨名 Description of Goods	重量公斤 Weight Kilos	
			淨 Net	毛 Gross

共計件數(大寫)
Total Number of Packages in Writing

日期　　　　　　　　　時間
Date　　　　　　　　　Time

裝入何艙
Stowed

實收
Received

理貨員簽字　　　　　　經辦員
Tallied By　　　　　　 Approved By

2)收貨單的格式如下：

表2-6　　　　　　　　　收貨單
　　　　　　　　　　MATES　RECEIPT

托運人
Shipper

編號　　　　　　　　　船名
No.　　　　　　　　　 S/S

目的港
For

茲將下列完好狀況之貨物裝船後希簽署收貨單
Received on board the undermentioned goods apparent in good order and condition and sign the accompanying receipt for the same

標記及號碼 Marks and Nos	件 數 Quantity	貨名 Description of goods	重量公斤 Weight Kilos	
			淨 Net	毛 Gross

共計件數(大寫)
Total Number of Packages in Writing

日期　　　　　　　　　時間
Date　　　　　　　　　Time

裝入何艙
Stowed

實收
Received

理貨員簽字　　　　　　大副
Tallied By　　　　　　Chief Officer

(2) 貨物訂妥艙位後,如所代運貨物屬《檢驗商品種類表》中需要法定檢驗和合同或信用證規定由商檢機構檢驗出證的出口商品,出口商委託貨運代理辦理報驗業務時,貨運代理在裝運前必須到商檢機構申請檢驗。屬賣方保險的,即可辦理貨物運輸險的投保手續。保險金額通常是以發票的 CIF 價加成投保。同時貨運代理應在裝船之前或船舶到港之前將所有貨物齊集港口,以便船只到港後能及時裝運。

1) 貨物運輸投保單格式如下:

表 2-7　　　　　　　　　貨物運輸保險投保單

PICC 中國人民保險公司成都分公司
The PEOPLE'S INSURANCE COMPANY OF CHINA, CHENGDU BRANCH
貨物運輸保險投保單
APPLICATION FORM FOR CARGO TRANSPORTATION INSURANCE

被保險人
INSURED

發票號(INVOICE NO.)

合同號(CONTRACT NO.)

信用證號(L/C NO.)

發票金額(INVOICE AMOUNT) ＿＿＿＿＿ 投保加成(PLUS) ＿＿＿＿＿ 茲有下列貨物向

_____投保。(INSURANCE IS REQUIRED ON THE FOLLOWING COMMODITIES:)

標記 MARKS & NOS.	數量及包裝 QUANTITY	保險貨物項目 DESCRIPTION OF GOODS	保險金額 AMOUNT INSURED

啟運日期：　　　　　　　　　　裝載運輸工具：
DATE OF COMMENCEMENT _____ PER CONVEYANCE：_____
自_____經_____至
FROM _____ VIA _____ TO _____
提單號：　　　　　　　　賠款償付地點
B/L NO.：_____ CLAIM PAYABLE AT _____
投保險別：(PLEASE INDICATE THE CONDITIONS &/OR SPECIAL COVERAGES:)
請如實告知下列情況：(如「是」在[　]中打「√」「不是」打「×」) IF ANY, PLEASE MARK「√」OR「×」
貨物種類：袋裝[　] 散裝[　] 冷藏[　] 液體[　] 活動物[　] 機器/汽車[　] 危險品等級[　]
GOODS:BAG/JUMBO BULK   REEFER   LIQUID   LIVE ANIMAL   MACHINE/AUTO   DANGEROUS CLASS
集裝箱種類：普通[　] 開頂[　] 框架[　] 平板[　] 冷藏[　]
CONTAINER:ORDINARY OPEN FRAME FLAT REFRIGERATOR
轉運工具：海輪[√] 飛機[　] 駁船[　] 火車[　] 汽車[　]
BY TRANSIT:SHIP   PLANE   BARGE   TRAIN   TRUCK
船舶資料：　船籍[CHINA]　船齡[　　]
PARTICULAR OF SHIP：　　　REGISTRY　　　AGE
備註：被保險人確認本保險合同條款和內容已經完全瞭解。投保人(簽名蓋章)
APPLICANTS' SIGNATURE
THE ASSURED CONFIRMS HERE WITH THE
TERMS AND CONDITIONS OF THESE INSURANCE
CONTRACT FULLY UNDERSTOOD　　電話(TEL)：
投保日期(DATE)：　　地址(ADD)：

2)投保單的填製方法

貨物運輸投保單是保險公司接受投保人(被保險人)的投保申請和開立保險單的依據。投保單內容正確與否，不僅影響保險公司出具的保險單內容的正確性，同時還會影響出口

商的順利結匯。貨物運輸投保單用英文填寫，方法如下：

① 被保險人(INSURED)。此欄填寫投保人(外貿公司)，一般與合同賣方或信用證受益人一致。信用證有要求時應按信用證要求填寫。

② 發票、合同、信用證號碼(INVOICE NO/CONTRACT NO/LC NO)。此處按實際情況如實填寫。

③ 發票金額(INVOICE AMOUNT)。發票金額應按發票實際金額填寫(不超過信用證規定的額度)。

④ 投保加成(PLUS)。一般情況下按合同或信用證填寫10%。

⑤ 標記(MARKS & NOS)。填寫實際發運貨物包裝嘜頭，應與發票、提單保持一致。

⑥ 數量及包裝(QUANTITY)。填寫實際發運貨物的(最大)包裝及件數。

⑦ 保險貨物項目(DESCRIPTION OF GOODS)。此處可以使用大類貨物名稱，但應與提單、發票保持一致(與信用證相符)。

⑧ 保險金額(AMOUNT INSURED)。此處一般按合同或信用證規定的發票金額的110%計打(小數點後尾數進為整數，使用貨幣與信用證幣種相同)。

⑨ 啓運日期、裝載運輸工具、運輸起訖地、提單號碼(DATE OF COMMENCEMENT, PER CONVEYANCE, FROM TO, B/L NO)。按實際填寫，與提單保持一致。

⑩ 賠款償付地點(CLAIM PAYABLE AT)。一般為貨物最終目的地。

⑪ 投保險別(CONDITION)。按合同/信用證填寫。

⑫ 貨物、集裝箱、運輸工具種類和船舶資料。按所給選項及實際情況劃「√」。

3) 投保單的填製實例

表 2-8　　　　　　　　　貨物運輸保險投保單

中國人民保險公司成都分公司

(THE PEOPLE'S INSURANCE COMPANY OF CHINA, CHENGDU BRANCH)

貨物運輸保險投保單

(APPLICATION FORM FOR CARGO TRANSPORTATION INSURANCE)

被保險人　　SICHUAN XIHUA IMPORT AND EXPORT COMPANY LTD.
(Insured)　　NO. 107 WENHUA ROAD, CHENGDU, CHINA

發票號(INVOICE NO.)　　保險單號(INSURANCE POLICY NO.)
HYL—B008　　　　　　ZC32/20051865

合同號(CONTRACT NO.)　2005AG018

信用證號(L/C NO.)　T-057651

發票金額(INVOICE AMOUNT) USD 10,800.00

投保加成(PLUS) 10%

茲有下列貨物向中國人民保險公司成都分公司投保(INSURANCE IS REQUIRED ON THE FOLLOWING COMMODITIES):

標記 (MARKS & NOS.)	數量及包裝 (QUANTITY)	保險貨物項目 (DESCRIPTION OF GOODS)	保險金額 (AMOUNT INSURED)
ABC SIBU NOS. 1—500	500 GUNNY BAGS	AGRICULTURAL IMPLEMENT	USD 11,880.00

啓運日期： 裝載運輸工具：
DATE OF COMMENCEMENT AS PER B/L
CONVEYANCE：__DONGENG V. 122__

自_____經_____至_____
FROM __SHANGHAI,CHINA__ VIA _____ TO __SIBU__

提單號： 賠款償付地點：
B/L NO.：CPS5501 CLAIM PAYABLE AT __SIBUIN USD__

投保險別(PLEASE INDICATE THE CONDITIONS &/OR SPECIAL COVERAGES)：
All RISKS AND WAR RISK AS PER OCEAN MARINE CARGO AND WAR CLAUSES OF THE PEOPLE'S INSURANCE COMPANY OF CHINA 1/1/1981

請如實告知下列情況(如「是」在[ ]中打「√」；「不是」打「×」)
IF ANY,PLEASE MARK「√」OR「×」

貨物種類：袋裝[√] 散裝[ ] 冷藏[ ] 液體[ ] 活動物[ ] 機器/汽車[ ] 危險品等級[ ]
GOODS：BAG/JUMBO BULK REEFER LIQUID LIVE ANIMAL MACHINE/AUTO DANGEROUS CLASS

集裝箱種類：普通[ ] 開頂[ ] 框架[ ] 平板[ ] 冷藏[ ]
CONTAINER：ORDINARY OPEN FRAME FLAT REFRIGERATOR

轉運工具：海輪[√] 飛機[ ] 駁船[ ] 火車[ ] 汽車[ ]
BY TRANSIT：SHIP PLANE BARGE TRAIN TRUCK

船舶資料：船籍[CHINA] 船齡[ ]
PARTICULAR OF SHIP：REGISTRY AGE

備註：被保險人確認本保險合同條款和內容已經完全瞭解
THE ASSURED CONFIRMS HEREWITH THE TERMS AND CONDITIONS OF THESE INSURANCE CONTRACT FULLY UNDERSTOOD

投保人(簽名蓋章) APPLICANTS' SIGNATURE：
SICHUAN XIHUA IMPORT AND EXPORT COMPANY LTD. 楊華
電話(TEL)：87632168
投保日期(DATE)：050712 地址(ADD)：

（3）如委託人委託貨運代理報關，貨運代理應在裝船前憑全套報關單證(包括報關單、出庫單/裝箱單、裝貨單以及所需官方證明，如許可證、商檢證、免疫證等)向海關申報，海關核貨單無誤後放行，方可裝船。

(四)出口報關
出口報關指出口商或其代理人在貨物出境時，向海關交驗有關單據請求海關查驗放行。按中國海關法規定，出口貨物出運前必須向海關申報，經海關查驗合格放行，才能裝運出口。

1. 出口報關業務程序
出口企業辦理貨物出口報關按下列程序進行：
申報──→查驗──→徵稅──→放行
(1)出口貨物申報

申報時間：一般在貨物運至碼頭裝貨前24小時。
申報手續：向海關提交《出口貨物報關單》及海關規定提交的其他單證。
報關時需交驗（隨附）的單證：
① 出口貨物許可證和其他批准文件（出口許可證商品）；
② 裝貨單（下貨紙）或運單；
③ 發票；
④ 裝箱單/重量單；
⑤ 減稅或免稅的證明文件；
⑥ 合同、產地證和其他有關單證（海關認為必要時）；
⑦ 商檢證書（需要檢驗的商品）；
⑧ 出口收匯核銷單。
（2）查驗
海關對出口商交驗的貨物、單據依法進行查驗。
（3）徵稅
出口商品一般須交納出口稅。
（4）放行
出口貨物在辦完向海關申報、接受查驗、納完稅款等手續後，海關在貨運單據上簽章放行，出口商或其代理憑海關放行的貨運單據發運出口貨物（裝船）。

2. 出口貨物報關單
（1）出口貨物報關單格式
出口貨物報關單格式如下：

表2-9　　　　　　　　中華人民共和國海關出口貨物報關單

預錄入編號：735687435　　　　　　　　　　　　　　　　海關編號：DK0100347

出口口岸： 浦東海關2210	備案號： BA10074	出口日期： 2005-11-08	
經營單位： 上海土產進出口公司 310191503	運輸方式： 江海運輸	運輸工具名稱： 長慶	提運單號： DR/0718
發貨單位： 310191503	貿易方式： 來料加工	徵免性質： 來料加工	結匯方式： 信用證
許可證號： 1023579	運抵國（地區）： 日本	指運港： 大阪	境內貨源地： 31019
批准文號： 200501001	成交方式： FOB	運費： 000/	保費： 000/	雜費： 000/
合同協議號： KB2005/13	件數： 42	包裝種類： 紙箱	毛重（公斤）： 1,554.00	淨重（公斤）： 1,449.00
集裝箱號：	隨附單據： 客檢證明		生產廠家： 上海服裝廠
標記嘜碼及備註 T-KK			

項號	商品編號	商品名稱	規格形號	數量及單位	最終目的國（地區）	單價	總價	幣值	徵免
01	66889	襯衣	L16	5000 件	日本	15.00	75,000.00	美元	照章
稅費徵收情況：									
錄入員： 錄入單位：	茲聲明以上申報無訛並承擔法律責任				海關審單批註及放行日期 （簽章）				
報關員 （簽章）	李明		申報單位（簽章）		審單		審價		
單位地址：					徵稅		統計		
郵編：	電話：	填製日期 2005-11-06			查驗		放行		

（2）出口貨物報關單的填製規範

出口貨物報關單是出口企業在裝運前向海關申報出口許可的單據，由出口企業填製，經海關審核、簽發後生效。出口貨物報關單不僅是出口企業向海關提供審核出口貨物是否合法的憑據也是海關憑以徵稅的憑證和國家法定統計資料的重要來源。出口企業必須如實、規範、正確地填寫。

出口貨物報關單由中華人民共和國海關統一印製，根據業務性質的不同使用不同的專用報關單，即：一般貿易使用白色報關單；進料加工貿易使用粉色報關單；來料加工裝配和補償貿易使用淺綠色報關單；外商投資企業使用淺藍色報關單；需國內退稅的出口貨物另增填淺黃色出口退稅專用報關單。

出口報關單一般一式三份，退稅商品另加一份退稅黃聯。用計算機報關只需填一份報關單（先交指定的預錄入人員將數據輸入計算機，然後打出報關單，再向海關報關）。報關單由海關考核認可的報關員填寫申報，每份報關單只填寫一種貿易方式的貨物，並限填 4 項商品。這裡主要介紹一般貿易出口貨物報關單的填製方法。

3. 出口貨物報關單填寫方法

（1）預錄入編號。填寫申報單位或預錄入單位對該單位填製錄入的報關單的編號。

（2）海關編號。填寫海關接受申報時給予報關單的編號。

（3）出口口岸。填寫實際出口的口岸海關的名稱。

（4）備案號。填寫進出口企業在海關辦理加工貿易合同備案或徵、減、免稅審批備案手續時海關給予的《登記手冊》、《免稅證明》或其他有關備案審批文件的編號。

（5）出口日期。填寫運輸工具申報出境的日期（根據配艙回單填寫）。

（6）申報日期。填寫海關接受出口貨物的收發貨人或代理人申請辦理貨物出口手續的日期（8 位數，順序為年為 4 位，月、日各 2 位）。

(7)經營單位。填寫對外簽訂並執行進出口合同的企業或單位的名稱及單位編碼。

(8)運輸方式。根據實際運輸方式按海關規定的《運輸方式代碼表》選填相應的運輸方式,如海運、陸運或空運。

(9)運輸工具名稱。填寫實際裝運貨物運輸工具的名稱及編號(根據配艙回單填寫)如船名、航次。

(10)提運單號。填寫出口貨物提單貨運單的編號(根據配艙回單填寫)。

(11)發貨單位。填寫貨物在境內的生產及銷售單位的名稱或其海關註冊編碼(填寫國內供應商或出口商)。

(12)貿易方式。根據實際情況,按海關規定的《貿易方式代碼表》選填相應的貿易方式,如一般貿易、加工貿易、易貨貿易等。

(13)徵免性質。按海關核發的《徵免稅證明》中批註的徵免性質填報「來料加工」、「一般徵稅」等。

(14)結匯方式。根據實際情況按海關規定的《結匯方式代碼表》選填相應的結匯方式,如托收、信用證等。

(15)許可證號。按實際情況填寫批註該批貨物出口的許可證號,非許可證範圍內商品空白不填。

(16)運抵國。按海關規定的《國別(地區)代碼表》選填相應的運抵國的中文名稱或代碼(一般為進口商所在國)。

(17)指運港。根據實際情況按海關規定的《港口航線代碼表》選填相應的港口中文名稱或代碼。

(18)境內貨源地。根據出口貨物生產廠家或發貨單位所屬國國內地區按海關規定的《國內地區代碼表》選填相應的國內地區名稱或代碼。

(19)批註文號。填寫《出口收匯核銷單》編號。

(20)成交方式。根據實際成交價格條款按海關規定的《成交方式代碼表》選填相應的成交方式代碼,如 CIF、FOB 等。

(21)運費。出口貨物的出口成交價格中含有運費時填寫本欄(除全部貨物的國際運費外,還需按海關規定的《貨幣代碼表》選填相應的幣種代碼,運保費合計計算的,運保費填報在本欄目)。

(22)保費。出口貨物的出口成交價格中含有保費時填寫本欄(除全部貨物的國際運輸保險費用外,還需按海關規定的《貨幣代碼表》選填相應的幣種代碼,運保費合計計算的,運保費填報在運費欄目中)。

(23)雜費。填寫成交價格以外的應從完稅價格中扣除的費用,如手續費、佣金、回扣等,可按雜費總價或雜費率兩種方式之一填報(按海關規定的《貨幣代碼表》選填相應的幣種代碼)。

(24)合同協議號。填寫出口合同或協議的號碼。

(25)件數。填寫有外包裝的出口貨物的實件數。

(26)包裝種類。填寫出口貨物的實際外包裝種類,按海關規定的《包裝種類代碼表》選填相應的包裝種類代碼。

(27)毛重。填寫出口貨物的實際毛重(計量單位為 kg,不足 1kg 的填報為 1)。

(28)淨重。填寫出口貨物的實際淨重(計量單位為 kg,不足 1kg 的填報為 1)。

（29）集裝箱號。填報打印集裝箱編號及數量，非集裝箱貨物填報為0（在多於一個集裝箱情況下，其餘集裝箱編號打印在備註欄或隨附清單上）。

（30）隨附單據。填寫隨出口貨物報關單一併向海關遞交的單證或文件，合同、發票、裝箱單、許可證等必備的隨附單證不在本欄目填報。

（31）生產廠家。填寫出口貨物的境內生產企業。

（32）標記嘜碼及備註。填寫貨物外包裝上的標記嘜碼以及其他必須說明的事項。

（33）項號。填寫該批貨物在本報關單上的序號。

（34）商品編號。填寫海關規定的商品分類編碼規則確定的出口貨物的編號。

（35）商品名稱、規格型號。本欄分兩行填報並打印，第一行打印出口商品的中文名稱，第二行打印規格型號。

（36）數量及單位。按實際情況填寫。

（37）最終目的國。根據實際情況，按海關規定的《國別（地區）代碼表》填報相應的國家名稱或代碼。

（38）單價。填報同一項號下出口貨物實際成交的商品單位價格。

（39）總價。填報同一項號下出口貨物實際成交的商品總價。

（40）幣制。根據實際成交情況按海關規定的《貨幣代碼表》填報相應的貨幣名稱或代碼。

（41）徵免。按海關核發的《徵免稅證明》或有關政策規定，選擇填報海關規定的《徵減免稅方式代碼表》填報相應的徵減免稅方式。

（42）稅費徵收情況。本欄供海關批註出口貨物稅費徵收及減免情況。

（43）錄入員。填報預錄入EDI報關單打印錄入人員姓名。

（44）錄入單位。填報預錄入EDI報關單打印錄入單位姓名。

（45）申請單位。填寫出口報關單的填製方（就申報內容的真實性直接對海關負責的企業名稱及代碼）。

（46）填製日期。填寫實際填寫本報關單的日期（8位數，年為4位，月、日各2位）。

（47）海關審單批註欄。由海關內部作業使用。

4. 到港船舶必須適合貨物裝運，特殊情況下應申請商檢部門對船舶進行檢查，並出具適合裝運的證明方可裝船。

5. 船舶到港後，大副和船代理畫出正式積載圖。

(五) 裝運

貨運代理在裝船時應派人做好裝船現場監裝工作——做好現場記錄，掌握進度，及時處理意外事故，維護貨方利益，保證裝船質量。

(六) 船舶離港後的善後工作

1. 發送提單

貨運代理到船舶代理處交運費和其他費用，憑大副收據換取提單，並及時將提單送交發貨人，以保證及時結匯。提單格式及填製方法將專章講解。

2. 處理退關、短裝、漏裝貨物

如貨物沒有及時發運，或單證不齊不能報關，需辦理退關。在可以分批裝運的情況下，部分貨物已裝船，另外部分貨物因缺貨或破損等原因沒能裝上船，稱短裝。在不可分批或用集裝箱運輸的情況下，貨物沒能裝上船稱漏裝。船舶離港後，貨運代理應及時將

退關、短裝或漏裝通知書發給發貨人，以便發貨人及時處理。需再出運的貨物，發貨人應重新補辦托運單訂艙。漏裝貨物應安排最近的航班運出。

3. 拍發裝運通知電報

按照國際慣例，貨物裝船後，貨運代理應及時向國外買方發出「裝船通知」(SHIPPING ADVICE)以便買方備款、贖單以及辦理貨運保險、進口報關和接貨手續，做好提貨準備。

裝運通知的內容一般有合同號、發票號、信用證號、貨物名稱、數量、包裝、總值、嘜頭、裝運口岸、裝運日期、船名及開航日期、卸貨港、提單號等。裝運通知電報格式如下：

表2-10　　　　　　　　　　裝運通知(SHIPPING ADVICE)

```
FM:SICHUAN XIHUA IMPORT AND EXPORT COMPANY LTD
TO:ABC TRADING
DEAR SIRS,
    WE HEREBY DECLARE THAT THE FOLLOWING GOODS HAVE BEEN SHIPPED TODAY:
    L/C NO. :T-057651
    INVOICE NO. : HYL-B008
    B/L NO. : CPS5501
    B/L DATE: JULY 16, 2005
    COMMODITY:AGRICULTURAL IMPLEMENT
    QUANTITY/PACKAGE:500 DOZEN/500 GUNNY BAGS
    VALUE: USD 10,800.00
    PORT OF LOADING:SHANGHAI
    DESTINATION:SIBU
    VESSEL NAME:DONGENG V. 122
    SHIPPING MARK:
    ABC
    SIBU
    NOS. I—500
```

4. 做好航次小結

貨運代理應在船舶離港後及時做出航次小結，以備保存和查詢。

二、技能訓練

1. 四川某進出口公司委託飛海貨代公司從東北大連代理運輸一批大豆到新加坡，分組模擬海運貨物出口貨運代理業務流程。熟悉各流程，寫出所需貨運單證，畫出流程圖（貨主自行報驗）。

2. 根據下列資料正確繕制出口貨物代運委託書和托運單各一份：

(1)信用證條款

L/C NO. CDR22/99 dated: Sept. 4,2005 issued by Bank of India.

A full set clean shipped「on board」Ocean Bill of Lading,date not later than 15th Oct. 2005. Mark out end or end to the order of Bank of India,Louboruch, Stershire Denil ZBK, UK,notifying w/n shipping services,94 Beaumond Road.

Shipment date :10th Oct 2005

Expiry date :30th Oct 2005

Bills of Lading in the short form are not acceptable.

Evidencing the current from the People's Republic of China port to London for the undermentioned goods.

Beneficiary：China National Minshan Corp

NO. 11 Jianglin Road Chengdu, China

10 cartons of sliced water chestnuts @ USD 12.00 per carton under contract NO SF5976 CIF London.

（2）其他有關資料

Invoice NO.：G－68

B/L NO.：453

Gross Weight：1,800.00kgs

Measurement：24.522m^2

Ocean Vessel：Kangke V. 36

Insurance Policy NO.：862836

Port of Loading：Shanghai

代運編號：TBB230　　　托運單編號：P－11

Marks：Nodon/ NO. 1－10

代理人和承運人：CHINA NATIONAL FOREIGN TRADE TRANSPORTATION CORP SI-CHUAN BRANCH

地址（Address）：NO. 56 SHUANGLAN ROAD CHENGDU, CHINA

電話（Telephone）：028－86732761

委託人電話（Telephone）：028－87636168

3. 根據用戶提供的海運出口貨物代運委託書的內容，填寫一份出口貨物托運單。

海運進出口貨物代運委託書

委託編號（Entrusting Serial No）：GBB238	提單號（B/L No）：TP568	合同號（Contract No）：GPB460	委託日（Entrusting Date）July. 25, 2005
發貨人名稱地址（Shipper/Full Name and Address）： Ching Plaited Products Import and Export Company Ltd No. 17 Wenhua Road Beijing, China		嘜頭標誌（Marks）：Hoff Import Hamburg Po. No：22349	
收貨人名稱地址（Consignee/Full Name and Address） To Order of Shipper			
通知方名稱地址（Notify Party/Full Name and Address） ABC Trading Hoff Import Wetzlarer Street 25D－90427 Nuernberg, Germany			
裝貨港 （Port of Loading） Shanghai	目的港 （Port of Destination） Hamburg	船名 （Vessel Name）	

表（續）

編號（Number）	件數與包裝 （No. and Kind of Packages）	貨物說明 （Description of Goods）	重量 （Weight in KG）	體積 （Measurement in CBM）
TH135	31 CTNS	X – Mas Decorations Cushions Cushion Covers	293.8kgs	2.985m³

裝船日期 （Loading Date）	可否轉船 （If Transshipment）：Not Allowed		可否分批 （If Partial Shipment）：Not Allowed
結匯 （L/C Expiry Date）	提單份數 （Copies of B/L）：3	正本 （Original）：3	副本 （Copy）：
運費及支付地點（Freight Payable at）： Freight Prepaid Shanghai			
備註 （Remark）：			

委託人（Entrusting Party）：
Sichuan Yihai Import and Export Company Ltd. 周平
地址（Address）：
No. 91 Wenhua Road Chengdu, China
電話（Telephone）：
028 – 87632168

　　　　　　　　　　　　　　代理人（Agent）簽字 Signed to the：
　　　　　　　　　　　　Sinotrans Sichuan Co Sichuan Branch 李英
　　　　　　　　　　　地址（Address）：16 Xinhua Road Chengdu, China
　　　　　　　　　　　電話（Telephone）：028 – 86753769

托運單編號：P – 16

4. 根據下列信用證正確繕制海運出口貨物代運委託書、出口貨物托運單、投保單和裝運通知各一份。

BANK OF CHINA, SINGAPORE

ORIGINAL

TELEGRAPHIC ADDRESS:「CHUNKUO」

TELEX: * * * * *

DATE: 19TH SEPTEMBER, 2005

IRREVOCABLE DOCUMENTARY CREDIT	CREDIT NO. YL6519
ADVISING BANK BANK OF CHINA, ZHENGZHOU BRANCH	APPLICANT LIAN AIK HANG TRADING, 65 – 1 HONGKONG STREET, SINGAPORE
BENEFICIARY HENAN XINDA INTERNATIONAL TRADING CO, LTD. NO. 115 WENHUA ROAD, LIAONING, CHINA	AMOUNT USD18,000.00(UNITED STATES DOLLARS EIGHTEEN THOUSAND ONLY)

EXPIRY DATE: 20TH DECEMBER, 2005

DEAR SIR(S),
WE HEREBY ESTABLISHED OUR IRREVOCABLE DOCUMENTARY CREDIT IN YOUR FAVOUR AVAILABLE BY YOUR DRAFT(S) AT SIGHT FOR FULL INVOICE VALUE DRAWN ON US, BEARING THE CLAUSE「DRAWN UNDER BANK OF CHINA, SINGAPORE CREDIT NO. YL3519 DATED 19TH SEPTEMBER, 2005」ACCOMPANIED BY THE FOLLOWING DOCUMENTS(AT LEAST INDUPLICATE UNLESS OTHERWISE SPECIFIED)
(1) SIGNED COMMERCIAL INVOICE(S) IN QUADRUPLICATE
(2) COMPLETE SET OF CLEAN ON BOARD OCEAN BILLS OF LADING, IN TRIPLICATE, ISSUED TO ORDER OF BANK OF CHINA AND ENDORSED IN BLANK, MARKED「FREIGHT PREPAID」NOTIFY APPLICANT
(3) MARINE INSURANCE POLICY/CERTIFICATE, ENDORSED IN BLANK, FOR FULL CIF VALUE PLUS 10% STIPULATING CLAIMS PAYABLE IN SINGAPORE COVERING ALL RISKS AND WAR RISK AS PER CIC
(4) PACKING LIST
(5) CERTIFICATE OF ORIGIN
EVIDENCING SHIPMENT OF:
10 METRIC TONS NORTHEAST SOYBEAN
AT USD 1,800.00 PER M/T CIF SINGAPORE
AS PER S/C NO. 2005AE016 DATED 25TH APRIL, 2005

SHIPMENT FROM CHINA TO SINGAPORE LATEST 5TH DEC., 2005
PARTIAL SHIPMENT: PROHIBITED TRANSHIPMENT: ALLOWED

SPECIAL CONDITIONS

1) ALL BANK CHARGES ARE FOR ACCOUNT OF APPLICANT
2) SIGHT DRAFTS MUST BEAR AN INTEREST CLAUSE READING:「PAYABLE WITH INTEREST AT CURRENT RATE FROM DATE OF T/T TO DATE OF PAYMENT」
3) COMBINED TRANSPORT B/L ACCEPTABLE
4) ONE FULL SET OF NON – NEGOTIABLE SHIPPING DOCUMENTS MUST BE FORWARDED TO THE APPLICANT IMMEDIATELY AFTER SHIPMENT
A BENEFICIARY'S CERTIFICATE TO THIS EFFECT IS REQUIRED

INSTRUCTION TO NEGOTIATING BANK

ALL DOCUMENTS ARE TO BE FORWARDED TO US IN TWO SETS BY CONSECUTIVE REGISTERED AIRMAIL
2 SIGNED ORIGINAL BILLS OF LADING MUST BE FORWARDED TO US IN THE 1ST MAIL AND THE 3RD SIGNED ORIGINAL COPY TO BE FORWARDED IN THE 2ND MAIL THE AMOUNT OF EACH DRAWING MUST BE ENDORSED ON THE REVERSE OF THIS CREDIT

REIMBURSEMENT INSTRUCTION:
IN REIMBURSEMENT, WE WILL UPON RECEIPT OF THE RELATIVE DOCUMENTS ACCOMPANIED BY THEIR CERTIFICATE CERTIFYING THAT ALL TERMS AND CONDITIONS OF THIS CREDIT HAVE BEEN COMPLIED WITH, REIMBURSE THE NEGOTLATING BANK BY T/T IN ACCORDANCE WITH THEIR INSTRUCTION
WE HEREBY ENGAGE WITH DRAWERS AND/OR BONA FIDE HOLDERS THAT DRAFTS DRAWN AND NEGOTIATED IN CONFORMITY WITH THE TERMS OF THIS CREDIT WILL BE DULY HONOURED ON PRESENTATION
THE ADVISING BANK IS REQUESTED TO NOTIFY THE BENEFICIARY WITHOUT ADDING THEIR CONFIRMATION
THIS DOCUMENTARY CREDIT IS SUBJECT TO THE UNIFORM CUSTOMS AND PRACTICE FOR DOCUMENTARY CREDITS (1993 REVISION) INTERNATIONAL CHAMBER OF COMMERCE PUBLICATION NO. 500
YOURS FAITHFULLY,
FOR BANK OF CHINA, SINGAPORE
(AUTHORISED SIGNATURE)

製單參考資料：
Invoice No.：RH-0132
Packed in Gunny Bags of 50kgs Each
B/L No.：CPS152
Insurance Policy No.：ZC32/0163
Vessel：ASTRID V. 186
Gross for Net
Measurement：6.8CBM
Shipping Mark：N/M

Insurance Agent：AnPing Insurance Co. Ltd.

2 Hongkong Street，Singapore

Port of Loading：Dalian

代運編號：T236　　　托運單編號：P－17

運輸代理人：SINOTRANS SICHUAN CO LIAONING BRANCH

地址（Address）：6 XINHUA ROAD，DALIAN，CHINA

電話（Telephone）：015－86753769

委託人電話（Telephone）：015－86632168

5. 根據下列信用證正確繕制出口貨物代運委託書、出口貨物托運單和裝運通知各一份。

Emirates Bank International Limited

P. O. Box 2925	Telefax：26498
Dubai	Cable：EMARATMANK
United Arab Emirates	Telex：46455 EBIDB EM
	Date of Issue：25th January，2005

Irrevocable Documentary Credit	Credit No. ELC－TFS－200579
Advising Bank Bank of China，Henan Branch 16 Huayuan Road，Zhengzhou，China	Applicant BDE Company P. O. Box 18，Dubai，U. S. E
Beneficiary Henan FT I/E Corporation NO. 92 Wenhua Road，Zhengzhou，China	Amount in Word and Figures USD 16,128. 00（United States Dollars Sixteen Thousand One Hundred and Twenty Eight Only）CFR DUBAI
Available in China Expiry Until 15th April，2005	
Dear Sirs， We hereby issue this Irrevocable Documentary Credit in your favour which is available by negotiation of your Drafts at Sight drawn on ourselves for full Invoice Value of Goods and marked「Drawn Under Emirates Bank International Limited Credit No. ELC－TFS－200079 Dated 25th January，2005」，accompanied by the following Documents： ＊Signed Commercial Invoices in 6 Copies stating the Name and Address of the Manufacturer certifying the Origin of Goods and Contents to be true and correct. ＊Full Set of Clean on Board Marine Bills of Lading made out to order and endorsed in blank marked「Freight Prepaid」，Notify Applicant. ＊Certificate of Origin issued by China Council for the Promotion of International Trade and certifying the Goods to be of Chinese Origin，stating the Full Name and Address of the Manufacturer of Goods. Covering Shipping of the following Goods： 7,000 Dozen Pairs of Mens Printed Nylon Stretch Socks. Size：26x27CM Standard；Colours：6 Colours Equally Assorted；Brand：Golden Pine Made in Shanghai，China，Design No. N3004－D33 and N3004－D92 Each 3,500 Dozen Pairs @ USD2. 304 Per Dozen Pairs CFR Dubai. Shipping Markets：BDF/DUBAI/Nos. 1－150	
Despatch/Shipment from China to Dubai latest 25th March，2005 Partial Shipment is allowed.　　　Transhipment is allowed at Hongkong only.	
We hereby engage with Drawers or Bona Fide Holders that Drafts drawn in conformity with the terms of this Credit will be duly honoured on presentation.	

Directions to Advising Bank
We hereby engage with Drawers or Bona Fide Holders that Drafts drawn in conformity with the terms of this Credit will be duly honoured on presentation.

Directions to Notifying Bank
We have issued this Documentary Credit as detailed above. We request you to notify the Credit to the Beneficiary.

Other Documents required
* Insurance covered by Buyer. Shipment Advice quoting Name of Carrying Vessel, Date of Shipment, Shipping Marks, Amount and our Letter of Credit Number should be sent to ALLIANCE INSURANCE(P. S. C) P. O. Box 5501, Dubai, UAE by Telex over their Telex No. 46068 ALNCE EM or by Fax over their Fax No. (09714)225129 Dubai, referring to their Telex/Fax Copy must accompany the Documents.
* Packing List in 6 Copy must accompany the Documents.
* One Copy each of Invoices, Certificate of Origin and Transport Documents along with Shipment Samples must be sent to Applicant by Speedpost.
A Certificate to this effect together with the relative Speedpost Receipt must accompany the Documents.
* Certificate issued by the Shipowner or Agent certifying that the Carrying Vessel is allowed by Arab Authorities to call at Arabian Ports and is not scheduled to call at any Israeli Port during its voyage to the United Arab Emirates. In case of Shipment by United Arab Shipping Co. Line Vessels such Certificate is not required.

SPECIAL INSTRUCTIONS
1) Invoices must certify that the goods shipped and all other details are as per Order No. 6533/95 of M/S. ALHELO TRADING COMPANY, DUBAI, U. A. E. and Beneficiary's Sales Note No. 95 No. 1 – 06.
2) Shipment Adivce giving full details must be sent to M/S. ALHELO TRADING COMPANY, U. A. E. by Telex over their Telex No. 46692 ALHELO EM or by Cable over their Cable Address ALHELO, DUBAI within 5 days of shipment and a copy of the relative transmitted Telex/Cable Advice must accompany the documents.
3) Shipment Samples and One full set each of Non-Negotiable Shipping Documents must be sent to APPLICANTS and to M/S. ALHELO TRADING COMPANY, P. O. BOX 5365, DUBAI, U. A. E. by Airmail after the shipment and a compliance certificate to this effect issued by Beneficiary must accompany the documents.
4) Combined Transport(Land and Sea) Bills of Lading are acceptable.
5) The Negotiating Bank must deduct from the payment to the Beneficiary Agents Commission @ 1% on 100% of the CFR Invoice Value Payable to M/S. ALHELO TRADING COMPANY, P. O. BOX 5365, DUBAI, U. A. E. and claim reimbursement for the net amount only after such deduction which must be confirmed on their negotiation schedule.
6) Shipment must be effected by Cosco Line and/or Maersk Line and/or United Arab Shipping Company Line Vessels and Bills of Lading must be issued by this Lines only.
7) PACKING: Each pair in a printed polybag, 1 dozen of equally assorted colours in a printed box then finally 50 dozen pairs per Export Carton and Packing List must evidence compliance.
8) Shipment Advice giving full details such as Name of the Carrying Vessel, Bill of Lading Number, Invoice Number & Date, Letter of Credit Number, Name & Address with Telephone Number of the Carrying Vessel's Agent in Dubai must be sent to Applicants by Fax over their Fax No. 263083 Dubai or by Telex over their Telex No. 47354 ASKAR EM and a copy of the relative transmitted Telex/Fax ASKAR EM and a copy of the relative transmitted Telex/Fax Advice must accompany the documents.
9) If possible Invoices to indicate HARMONIZED SYSTEM COMMODITY CODE NUMBER(H. S. CODE NUMBER). The Department of Ports & Customs, U. A. E. warns suppliers that failure to quote the relevant HARMONIZED SYSTEM(H. S.)COMMODITY CODE NUMBER on the Commercial Invoices will result in unnecessary delay in clearance.

FURTHER DIRECTIONS TO ADVISING/NEGOTIATING BANK
* The amount of each drawing must be endorsed on reverse of Page 1 of this credit.
* Documents must be Couriered/dispatched by registered Airmail in one cover.
* All Banking Charges outside the country of issuance of this Credit are on beneficiary's account.
In Reimbursement, the Negotiating Bank is authorized to draw on our account with CHEMICAL BANK, 15TH FLOOR, 55 WATER STREET, NEW YORK, N. Y. 10014 – 0199, U. S. A

Authorised Signature

製單參考資料：
Invoice No.：XH－006
B/L No.：C021886
Vessel：Red Star V.608
Total Gross Weight：9,000.00Kgs
Net Weight：8,700.00Kgs
Measurement：48CBM
Port of Loading：TIANJIN
代運編號：Q268
托運單編號：P－17
代理人：CHINA OCEAN SHIPPING(GROUP)CO HENAN BRANCH
地址(Address)：108 JANGHAN ROAD ZHENGZHOU CHINA
電話(Telephone)：0371－86753769
委託人電話(Telephone)：0371－87632168

第二節　海運散雜貨進口代理業務流程

一、海運散貨進口代理業務流程示意圖

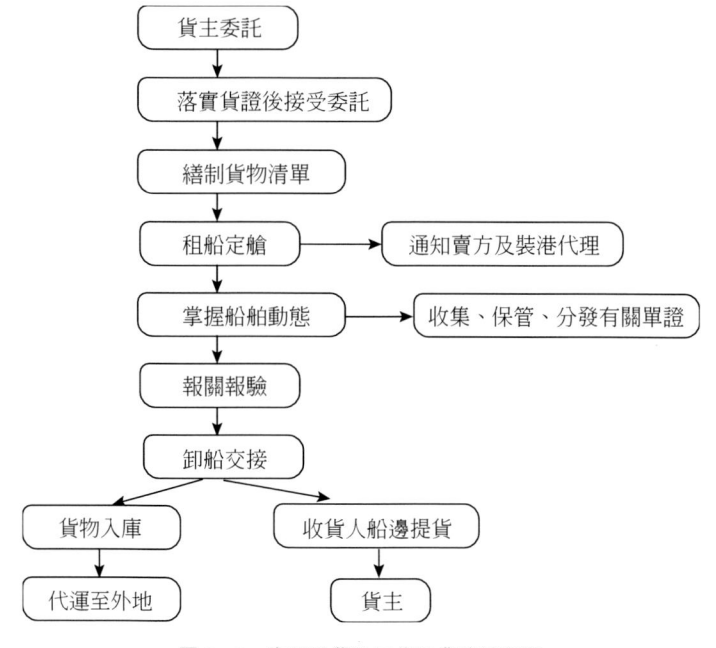

```
            貨主委託
              ↓
        落實貨證後接受委託
              ↓
          繕制貨物清單
              ↓
          租船定艙 ────→ 通知賣方及裝港代理
              ↓
          掌握船舶動態 ──→ 收集、保管、分發有關單證
              ↓
          報關報驗
              ↓
          卸船交接
           ↓      ↓
        貨物入庫　收貨人船邊提貨
           ↓           ↓
        代運至外地     貨主
```

圖2－3　海運散貨進口代理業務流程圖

二、海運散貨進口代理業務流程

海運貨運代理業務是從承攬和接受貨物、安排船舶到國外裝貨港裝貨，運至國內安排卸貨並將貨物盡快交付收貨人的過程。按 FOB 進口貨物，貨物的運輸、保險手續由我方辦理。

(一)承攬和接受貨主的租船、定艙委託

按合同規定，FOB 條件下出口方應在交貨前一定時期內，將預計裝運日期通知進口方。進口方接到通知後，應及時向船方辦理租船訂艙手續。中國進口業務的租船訂艙手續一般由外貿進出口公司委託外運公司或貨運代理辦理。手續為：外貿進出口公司收到國外出商發來的預計裝運日期後，先按合同填寫「進口訂艙聯繫單」，然後將其連同進口合同副本送交外運公司或貨運代理，委託其具體安排進口貨物運輸事宜。貨運代理必須樹立為貨主服務的思想，積極主動承攬和接受貨主的租船、定艙委託。貨主填製進口訂艙聯繫單後，貨運代理必須對進口訂艙聯繫單認真審核，「進口訂艙聯繫單」格式內容比較簡單，根據提示按實際填寫即可。

1. 進口訂艙聯繫單樣本

表 2-11　　　　　　　　　　　　進口訂艙聯繫單

第　　號　　　　　　　　　　　　　　　　　　　　年　　月　　日

貨名(填寫英文)			
重量		尺碼	
合同號		包裝	
裝卸港		交貨期	
買賣條款			
發貨人名稱地址			
發貨人電話/電傳			
訂妥船名		預抵港期	
備註		委託單位	

用以下資料作為本節操作的依據：
THE BUYERS:SICHUAN XIHAI IMPORT AND EXPORT COMPANY LTD.
　　　　　　NO.108 WENHUA ROAD CHENGDU,CHINA
TEL:028-87632168
THE SELLERS:YINHUA CORPORATION
　　　　　　16TH FL.,KWANGHWAMUN BLDG.,256
　　　　　　SEJONG-RO,CHONGRO-KU,SEOUL,KOREA
CONTRACT NO.: GD-98-858
COMMODITY:HUCK FASTENING PRODUCTS
　　　　　　BOT-T20-12GA　8000PCS

UNIT PRICE:USD 2.5/ PCS　PRICE TERM:FOB PUSAN
CURRENCY USD AMOUNT 20,000.00
LOADING IN CHARGE:KOREA PUSAN PORT
FOR TRANSPORT:SHANGHAI,CHINA
DATE OF SHIPPING:BEFORE THE END JULY,2005
PACKED:20PCS IN A CARTON
INSURANCE:TO BE EFFECTED BY THE BUYER
SHIPPING　MARK:
SHANGHAI,CHINA
NTB688
NO.1-400
進口訂艙聯繫單編號:6號　　　　　　　填寫時間:2005年7月15日
INVOICE　NO.:T0368
B/L NO.:S6801
VESSEL:HAIOU V.045
MEASUREMENT:25m^3
TOTAL G.W:16,000.00KGS
　　　　N.W:15,000.00KGS
交 貨 期:2005年7月1日-28日
預抵港期:2005年8月5日
開航日期:2005年7月30日
代 理 人:SINOTRANS　SICHUAN CO
地址(Address):16 XINHUA DADAO CHENGDU,CHINA
電話(Telephone):028-86753769
發貨人電話/電傳:068-4567891/923456
保險險別:ALL RISKS AND WAR RISK
保險費率:0.6%+0.06%
預約保險人:PICC中國人民保險公司成都分公司
THE PEOPLE‖S INSURANCE COMPANY OF CHINA,CHENGDU BRANCH
SHIPMENT OF CONTRACT NO.:H-789
LETTER OF CREDIT NO.:DX-657

2. 進口訂艙聯繫單實例

表2-12　　　　　　　　　　進口訂艙聯繫單

第6號　　　　　　　　　　　　　　　　　　　　　　　　2005年7月15日

貨名(填寫英文)	HUCK FASTENING PRODUCTS		
重量	16,000.00KGS	尺碼	25m^3
合同號	GD-98-858	包裝	CARTON
裝卸港	PUSAN　SHANGHAI	交貨期	2005年7月1日-28日

買賣條款	FOB		
發貨人名稱地址			
發貨人電話/電傳	068－4567891/923456		
訂妥船名	HAIOU V. 045	預抵港期	2005 年 8 月 5 日
備註		委託單位 SICHUAN XIHUA IMPORT AND EXPORT COMPANY LTD <div style="text-align:right">王海</div>	

　　在 FOB 條件下，買方或貨運代理在辦妥租船、訂艙手續後，應在規定的期限內將船名、船期、船籍、船舶、吃水深度、轉載重量、到達港口等事項及時通知賣方，並催告賣方如期裝船。

　　3. 催裝函電實例

表 2－13　　　　　　　　　　　催裝函電

FROM：SICHUAN XIHAI IMPORT AND EXPORT COMPANY LTD.
　　　NO. 108 WENHUA ROAD CHENGDU，CHINA
16TH FL. ，KWANGHWAMUN BLDG. ，256 SEJONG－RO，CHONGRO－KU，SEOUL，KOREA
TO：YINHUA CORPORATION

DATE：2005 年 7 月 11 日

DEAR SIRS，

RE：SHIPMENT OF CONTRACT NO. ：H－789
LETTER OF CREDIT NO. ：DX－657

　　WE WISH TO ADVISE THAT THE FOLLOWING STIPULATED VESSEL WILL ARRIVE AT PUSAN PORT，ON/ABOUT 2005 年 7 月 18 日
　　VESSEL NAME：HAIOU VOY. NO：045
　　WE'LL APPRECIATE TO SEE THAT THE COVERING GOODS WILL BE SHIPPED ON THE ABOVE VESSEL ON THE DATE OF L/C CALLED.

　　(二) 做好進口單據的保管分發工作
　　進口貨物單據一般分為商務單據和船務單據兩種，貨運代理有責任做好船務單據的保管和分發工作，有關單據要及時寄送卸貨港。

　　(三) 掌握進口船舶動態
　　掌握進口船舶動態、船期對於做好港口工作，及時、合理地安排進口船舶卸貨，盡快把貨物交到收貨人手中極為重要。貨運代理應做好填寫運輸卡片和做好填寫進口船舶動態表的工作。安排船、貨時，不論是國內班輪還是國外班輪均需認真按船、按航次填寫，以作為船、貨安排的根據。運輸卡片內容包括船名、船期、各港所配貨物的主要貨類、數量、實裝量、離開裝貨港和到達卸貨港日期以及指定裝貨港代理的日期和運輸過程中的主要情況。進口船舶動態表主要填寫船舶類別、卸港順序、各港貨類、貨量、預計抵達國內第一卸港的時間。如有特殊貨物如甲板貨、重大件貨和危險品貨物均需列明，以便卸貨港事先做好卸貨安排。

(四)投保

按 FOB 條件進口,貨物在裝運港裝船時越過船舷,風險即由賣方轉移給我方。為轉移貨物海上運輸風險,我方一般需向保險公司辦理進口貨物海上運輸保險。對於進口貨物運輸保險,中國目前有兩種做法,即預約保險和逐筆保險。

預約保險適用於經常有貨物進口的外貿公司或企業。預約保險的做法是:外貿公司或企業同保險公司簽訂預約保險合同,規定總的保險範圍、保險期限、保品種類、總保險限額、運輸工具、航程區域、保險條件、保險費率、適用條款、賠償結算支付辦法。只要有屬於預約保險合同規定的承保範圍內的貨物進口,投保單位在接到國外出口商的裝船通知後,填寫「國際運輸預約保險起運通知書」送交保險公司,保險公司簽章確認辦妥保險手續。

1. 進口貨物運輸預約保險合同樣本

表 2-14　　　　　　　　進口貨物運輸預約保險合同

合同號 GD-98-858　年/號　2005.7.25
四川華西進出口有限公司為甲方:
中國人民保險公司成都分公司為乙方:

雙方就進口貨物的運輸預約保險議定下列各條以資共同遵守:

(1)保險範圍

甲方從國外進口的全部貨物,不論運輸方式,凡貿易條件規定由買方辦理保險的,都屬於本合同範圍之內。甲方應根據本合同規定,向乙方辦理投保手續並支付保險費。

乙方對上述保險範圍內的貨物,負有自動承保的責任,在發生本合同規定範圍內的損失時,均按本合同的規定負責賠償。

(2)保險金額

保險金額以進口貨物的到岸價格(CIF)即貨價加運費加保險費為準(運費可用實際運費,亦可由雙方協定一個平均運費率計算)。

(3)保險險別和費率

各種貨物需要投保的險別由甲方選定並在投保單中填明。乙方根據不同的險別規定不同的費率。現暫訂如下:

貨物種類	運輸方式	保險險別	保險費率
HUCK FASTENING PRODUCTS	BY SEA	ALL RISKS AND WAR RISK	0.6% +0.06%

(4)保險責任

各種險別的責任範圍,按照所屬乙方制定的《海洋貨物運輸保險條款》、《海洋貨物運輸戰爭險條款》、《航空運輸綜合險條款》和其他有關條款的規定為準。

(5)投保手續

甲方一經掌握貨物發運情況,即應向乙方寄送起運通知書,辦理投保。通知書一式五份,由保險公司簽字確認後,退回一份。如果不辦理投保,貨物發生損失,乙方不予

理賠。

(6)保險費

乙方按甲方寄送的起運通知書,照前列相應的費率逐筆計收保費,甲方應及時付費。

(7)索賠手續和期限

本合同所保貨物發生保險範圍以內的損失時,乙方應按制訂的《關於海運進口保險貨物殘損檢驗和賠款給付辦法》迅速處理。甲方應盡力採取防止貨物擴大受損的措施,對已遭受損失的貨物必須積極搶救,盡量減少貨物的損失。向乙方辦理索賠的有效期限,以保險貨物卸離海輪之日起滿一年終止。如有特殊需要可向乙方提出延長索賠期。

(8)合同期限

本合同自 2005 年 7 月 25 日開始生效。

　　甲方:四川華西進出口有限公司　　乙方:中國人民保險公司成都分公司

2. 國際運輸預約保險起運通知書

投保單位在接到國外出口商的裝船通知後,填寫《國際運輸預約保險起運通知書》送交保險公司,保險公司簽章確認辦妥保險手續。

進口貨物運輸預約保險起運通知書樣本如下:

表 2-15　　　　　　　　　預約保險起運通知書

中國人民保險公司成都分公司

國際運輸預約保險起運通知書

被保險人:　　　　　　　　　　　　　　　　編號　　字第　　號

保險貨物項目(嘜頭)	包裝及數量	價格條件	貨價(原幣)
合同號	發票號碼		提單號碼
運輸方式	運輸工具名稱		運　費
開航日期　年　月　日	運輸線路　自　　　　至		
投保險別	費率	保險金額	保險費
中國人民保險公司 年　月　日	被保險人簽章 年　月　日		備註

本通知書填寫一式五份送保險公司。保險公司簽章後退回被保險人一份。

如在本節信用證實例中,價格條件是 CFR,填製的預約保險起運通知書的範本如下:

表 2－16　　　　　　　　　　預約保險起運通知書

中國人民保險公司成都分公司

國際運輸預約保險起運通知書

被保險人：四川華西進出口有限公司　　　　　　　　　　　　編號 2005　字第 16 號

保險貨物項目(嘜頭)	包 裝 及 數 量	價格條件	貨 價(原 幣)
HUCK FASTENING PRODUCTS SHANGHAI, CHINA NTB688 NO.：1 －400	400 CARTON	CFR	$ 20,000.00
合同號 GD－98－858	發票號碼 T0368		提單號碼 S6801
運輸方式 BY SEA	運輸工具名稱 HAIOU V.045		運　費
開航日期 2005 年 7 月 30 日	運輸線路　　自 PUSAN 至 SHANGHAI		
投保險別	ALL RISKS AND WAR RISK	費率	0.6% + 0.06%	保險金額	$ 22,146.16	保險費	$ 146.16
中國人民保險公司 中國人民保險公司成都分公司　　王林　　　　　　2005 年 7 月 30 日			被保險人簽章 四川華西進出口有限公司　　李力　　　　　2005 年 7 月 30 日			備　註	

本通知書填寫一式五份送保險公司。保險公司簽章後退回被保險人一份。

(五) 報關、報驗

1. 進口報關

進口報關指進口貨物的收貨人或其代理人向海關交驗有關單證，辦理進口貨物申報手續。按海關法，進口貨物報關手續應於運輸貨物的工具申報進境之日起 14 日內進行。報關時，收貨人應填寫《進口貨物報關單》，向海關提交提單、發票、包裝單、進口貨物許可證。海關在接受申報後，對進口貨物進行實際核對查驗，如貨物符合國家進口規定，於收貨人交納關稅後，在貨運單上簽字蓋章放行。收貨人持此單提取進口貨物。

進口貨物報關單示例：

表 2－17　　　　　　　　　中華人民共和國海關進口貨物報關單

預錄入編號：　　　　　　　　　　　　　　　　　　　　海關編號：

進口口岸		備案號	進口日期		
經營單位		運輸方式	運輸工具名稱	提運單號	
收貨單位		貿易方式	徵免性質	徵稅比例	
許可證號		起運國(地區)	裝運港		
批准文號		成交方式	保費	雜費	

表 2－17（續）

合同協議號		件數		包裝種類	毛重（kg）		淨重（kg）	
集裝箱號		隨附單據				用途		
標記嘜碼及備註								
項號　商品編號　商品名稱、規格號　數量及單位　原產國（地區）　單價　總價　幣制 徵免								
稅費徵收情況								
錄入員　錄入單位	茲聲明以上申報無訛並承擔法律責任				海關審單批註及放行日期 （簽章）			
					審單		審價	
					徵稅		統計	
單位地址　　　　　申報單位（簽章）					查驗		放行	
郵編　　　電話　　　填製日期								

2. 進口報驗

按《商檢法》規定，進口貨物到岸後，進口企業須向卸貨口岸或目的地商檢機構辦理登記。商檢機構在報關單上加蓋「已接受登記」印章，海關憑報關單上的印章驗放。法定檢驗商品登記後，進口人在規定時間、地點持有關單據到商檢機構報驗，由商檢機構檢驗。檢驗地點一般在合同約定地點進行，也可在卸貨口岸或目的地或商檢機構指定地點或收貨人所在地檢驗。但卸貨時如發現貨物有殘損短缺，進口企業則應及時向口岸商檢機構申請檢驗，出具殘損證書，以備索賠之用。下面是進口商品檢驗申請單示例：

表 2－18　　　　　　　　　　進口商品檢驗申請單

中華人民共和國四川進出口商品檢驗局　　　　　　　報驗號

茲有下列商品申請檢驗，請照章辦理。　　　　　　　　　　　　　報驗單位

聯繫人　　　　　　電話　　　　　　地址　　　　　　日期

發貨人					
受貨人					
商品名稱		合同號		商品編碼	
報驗數/重量		商品總值		預約工作日期	
運輸由　　　　　　裝					
進口日期		卸畢日期		索賠有效期	
檢驗依據		包裝狀況			

表 2–18(續)

報驗人提供資料(打「√」或不填)	合同	發票	提單	標記及號碼
	運單	裝箱單	理貨清單	
	磅碼單	驗收單	質保書	
	說明書	到貨通知單		

申請檢驗項目(打「√」或不填)	質量規格	數量重量	包裝	安全衛生	開箱檢驗	殘損	復驗出證	貿易國別或地區
								領證人簽收

檢驗方式(打「√」或不填)	商檢檢驗	共同檢驗	認可單位檢驗

進口商品檢驗簽證工作流程表

粗框內由商檢局填寫	項目	經辦人	時間 年 月	項目	經辦人	時間 年 月
	1. 接受報驗			9. 翻譯		
	2. 檢驗處收單			10. 復核		
	3. 抽樣制樣			11. 制證		
	4. 檢驗			12. 校對		
	5. 擬稿			13. 計費		
	6. 審核			14. 發證		
	7. 檢務處收單			15. 統計		
	8. 復審			16. 歸檔		

申請日期　　年　月　日

進口檢驗　檢驗計費單

開戶銀行：
銀行帳號：　　　　　　　評議

申請單位		申請號	
品名		證書份數	
重量價值		應繳費用	公證費　　　實收　　證書費

申請日期　　年　月　日

領取證書憑單

申請單位		申請號	
品　　名		備　註	

報驗須知

①報驗人須持《報驗員證》按規定時間最遲於報關或裝運出口前十天報驗；
②報驗人須按要求填寫申請單各項內容，文字準確、字跡清楚、不得隨意塗改；
③報驗人須憑「領取證書憑單」領取證書，未盡事宜詳見進出口商品報驗規定。

(六)卸貨與提貨

　　進口貨物到港後，貨運代理要負責港口的交接工作，履行現場監卸任務，把好進口貨物的質量關、數量關，必須配合港口理貨人員按票卸貨、理貨，嚴禁混卸，已卸貨物也應按提單和嘜頭分別堆垛；對船邊提貨和危險品，應根據卸貨進度，及時與有關方面取得聯繫，做好銜接工作；對超大件貨，應在貨到港前提供尺碼及重量、起吊點、圖紙，以便準備接貨車輛和駁船及時疏運；重點貨物如鋼材、機械零件、橡膠，要專人掌握，避免錯亂，貨物卸畢後，應下艙檢查，防止漏卸，如發現短缺，應填寫《短卸報告》交船方簽字，如發現殘損，則應將貨存放於海關指定倉庫，通知保險公司、商檢局等有關單位進行檢驗，確定殘損原因、程度及索賠對象，憑商檢機構出具的檢驗或鑒定證書，向國外有關責任方提出索賠。貨運代理辦理好進口報關手續後，即可憑海關蓋有放行章的提單到港口碼頭辦理提貨手續。

(七)進口代運

　　進口貨物卸船報關後，由收貨人自行到碼頭提貨的叫做自提。由貨運代理辦理貨物交接，並安排貨物裝運至收貨人指定的地點的叫做進口代運。各委託單位可直接向貨運代理提出長期或臨時委託簽訂《海運進口貨物國內交接、代運協議書》。

(八)審核帳單

　　貨運代理要替貨主把好運費關，認真審核帳單（包括裝貨費、加班費、墊料費、捆扎費、雜費等）和班輪運費清單，並及時支付運費給船東。如租船運輸，租船合同訂有滯期條款和速遣條款，應及時向買方提供裝、卸貨事實記錄，或按協議代表貨主與船東結算。貨運代理自己也應繕制船舶航次盈虧估算表，填寫清楚船舶的滯期費或速遣費與運費支付情況。

三、技能訓練

　　1. 分組模擬海運貨物進口貨運代理業務流程。四川西華進出口公司委託紅聲貨代公司，從日本的大阪代理運輸一批機床到上海，模擬海運貨代進口流程，熟悉各流程及所需貨運單證(貨主自行報關、報驗)。

　　2. 根據下列資料正確繕制進口貨物進口訂艙聯繫單、進口貨物運輸預約保險合同、預約保險起運通知書各一份。

THE BUYERS: GUANGDONG FOREIGN TRADE IMPORT AND EXPORT CORPORA-
　　　　　　TION.
　　　　　　368 TIANHE ROAD GUANGZHOU, CHINA
TEL: 020 – 87633568
THE SELLERS: HAIWE CORPORATION
　　　　　　68 RUE DE BRUXELLES, BELGIUM
CONTRACT NO.: N8TB336
COMMODITY: DUPLEX BOARD WITH GREY BACK

BRAND：HANSOL HI－Q
SUBSTANCE：250 GSM
SIZE：「31×47」L. G.
QUANTITY：100MT
UNIT PRICE：USD 415/MT FOB ANTWERP
CURRENCY USD AMOUNT 41,500.00
LOADING IN CHARGE：ANTWERP,BELGIUM
FOR TRANSPORT：GUANGZHOU,CHINA
DATE OF SHIPPING：BEFORE THE END AUGUST,2005
INSURANCE：TO BE EFFECTED BY THE BUYER
SHIPPING MARK：GUANGZHOU
　　　　　　　<u>N8TB1136</u>
　　　　　　　NO. 1－UP
INVOICE NO.：B18
PACKING：100KG IN A WOODEN CASE
B/L NO.：0168
VESSEL：HAIOU V. 16
MEASUREMENT：60m^3
TOTAL G. W：101MT
　　　　N. W：100MT
交 貨 期：2005 年 8 月 6 日－25 日
開航日期：2005 年 8 月 26 日
預抵港期：2005 年 9 月 8 日
代理人：SINOTRANS SICHUAN CO GUANGDONG BRANCH
地址(Address)：16 HUAXIN ROAD GUANGZHOU,CHINA
電話(Telephone)：028－86753769
委託人電話(Telephone)：028－87632168
發貨人電話/電傳：Tel：(022)21631106　　　Fax：(022)21631108
保險險別：ALL RISKS
保險費率：0.4%
預約保險人：PICC 中國人民保險公司廣州分公司
THE PEOPLE'S INSURANCE COMPANY OF CHINA,GUANGZHOU BRANCH
SHIPMENT OF CONTRACT NO.：H－135
LETTER OF CREDIT NO.：DX－78
3. 用客戶裝船資料填製預約保險起運通知書。
TO：SICHUAN XIHUA IMPORT AND EXPORT COMPANY LTD
DEAR SIRS,
WE HEREBY DECLARE THAT THE FOLLOWING GOODS HAVE BEEN SHIPPED TO-DAY：
L/C NO.：T－057651

INVOICE NO.：HYL – B008
B/L NO.：CPS5501
B/L DATE：JULY 16, 2005
COMMODITY：AGRICULTURAL IMPLEMENT
QUANTITY/PACKAGE：500 DOZEN/500 GUNNY BAGS；PACKING IN A 20 FOOT CONTAINER. CONTAINER NO：S. O. C802376. SEAL NO：GZ086531
VALUE：USD10, 800. 00
PORT OF LOADING：SIBU
DESTINATION：SHANGHAI
VESSEL NAME：DONGENG V. 122
SHIPPING MARK：
ABC
SIBU
NOS. I—500
買貨條款：CFR
保險險別：ALL RISKS AND WAR RISK
保險費率：0. 5% +0. 04%
預約保險人：PICC 中國人民保險公司上海分公司
THE PEOPLE'S INSURANCE COMPANY OF CHINA, SHANGHAI BRANCH
SHIPMENT OF CONTRACT NO. ：H – 531
LETTER OF CREDIT NO. ：DX – 056

第三節　集裝箱貨物運輸代理業務流程

一、整箱貨出口貨運代理業務流程與單證
(一)整箱　出口　代理　流程

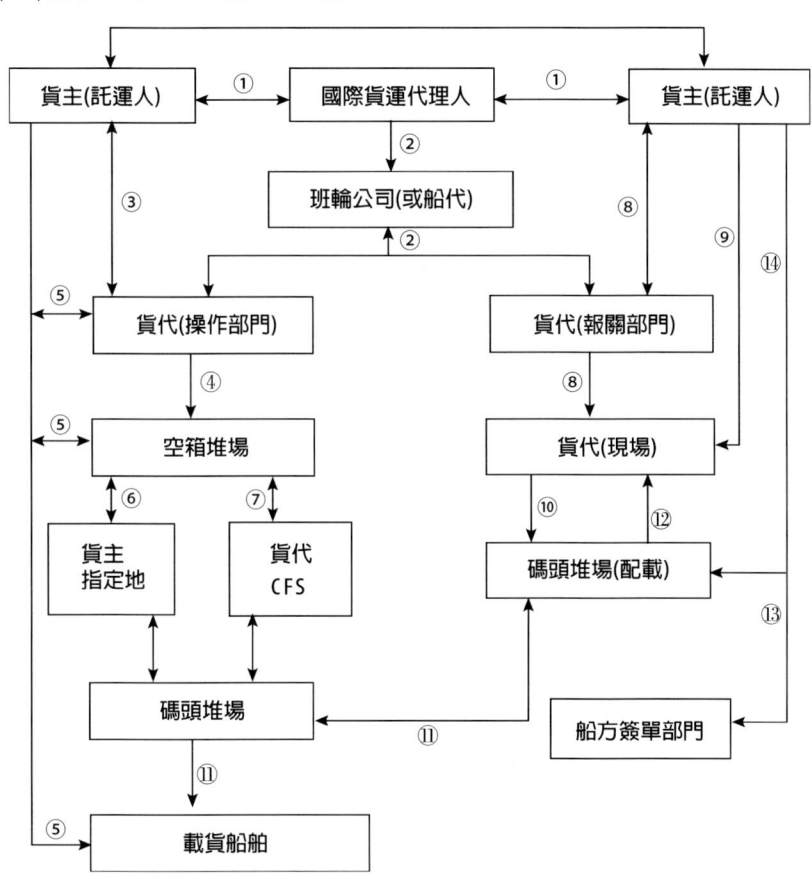

圖2-4　集裝箱整箱貨出口貨運代理業務流程圖

圖註:
①貨主與貨代建立貨運代理關係;
②貨代填寫托運單證,及時訂艙;
③訂艙後,貨代將有關訂艙信息通知貨主或將「配艙回單」轉交貨主;
④貨代申請用箱,取得EIR後就可以憑此到空箱堆場中提取所需的集裝箱;
⑤貨主「自拉自送時」先從貨代處取得EIR,然後提空箱,裝箱後製作CLP,並按要求及時將重箱送碼頭堆場,即集中到港區等待裝船;
⑥貨代提空箱至貨主指定地點裝箱,製作CLP,然後將重箱「集港」;

⑦貨主將貨物送到貨代CFS．貨代提空箱，並在CFS裝箱，製作CLP，然後「集港」；（註：⑤、⑥、⑦在實踐中只選其中一種操作方式）
⑧貨主委託貨代代理報關、報檢，辦妥有關手續後將單證交貨代現場工作人員；
⑨貨主也可自行報關，並將單證交貨代現場；
⑩貨代現場工作人員將辦妥手續後的單證交碼頭堆場配載；
⑪配載部門制訂裝船計劃，經船公司確定後實施裝船作業；
⑫實踐中在貨物裝船後可以取得D/R正本；
⑬貨代可憑D/R正本到船方簽單部門換取B/L或其他單據；
⑭貨代將B/L等單據交貨主(註:為方便圖示用兩個方框表示同一個貨主)。

(二) 整箱貨出口貨運代理業務流程

整箱貨出口貨運代理業務流程為:委託代理──→訂艙──→提取空箱──→貨物裝箱──→整箱貨交接簽證──→換取提單──→裝船。

1. 委託代理

在集裝箱班輪貨物運輸過程中，貨主一般都委託貨運代理為其辦理有關的貨運業務。貨運代理關係在作為委託人的貨主提出委託，而作為代理的國際貨運代理企業接受委託後建立。

在貨主委託貨運代理之時，會有一份貨運代理委託書。在簽訂長期貨運代理合同時，可能會用貨物明細表等單證代替委託書。

貨主委託貨運代理運輸事宜的單證可分為基本單證和特殊單證。基本單證是每批托運貨物都需具備的單證，包括出口貨運代理委託書、出口貨物報關單、外匯核銷單、商業發票、裝箱單、重量單(磅碼單)、規格單等。特殊單證是在基本單證以外，根據國家規定，按照不同商品、不同業務性質、不同出口地區需向有關主管機關及海關交驗的單證，如出口許可證、配額許可證、商檢證、動植物檢疫證、衛生證明、進料和來料加工手冊、危險貨物申請書、包裝證、品質證、原產地證書等。

2. 訂艙

貨運代理接受委託後，應根據貨主提供的有關貿易合同或信用證條款的規定，向船公司或其代理在其所營運或代理的船只的截單期前預定艙位即訂艙(SPACE BOOKING)。截單期是指該船接受訂艙的最後日期。超過截單期，如艙位尚有多餘或船因故延誤等，船公司同意再次接受訂艙，稱為「加載」。截單期一般在預定裝船日期前幾天，以便報關、報檢、裝箱、集港、製單等工作的進行。裝船表及船公司所公布的各種航運信息是訂艙、配載的重要參考資料，貨運代理必須按照委託書內容要求的船期、船公司、箱型、裝貨、交貨方式等辦理。在訂艙時，貨運代理填製「場站收據」聯單、預配清單等單據。

(1)「場站收據」聯單

現代海上班輪運輸以集裝箱運輸為主(件雜貨運輸占極小比重)，為簡化手續即以場站收據(DOCK RECEIPT,D/R)作為集裝箱貨物運輸的托運單。場站收據聯單，現在通常由貨運代理企業繕制並送交船公司或其代理訂艙，因此托運單也就相當於訂艙單。中國在1990年就開始進行集裝箱多式聯運工業性試驗，簡稱「集裝箱工試」。該項工業性實驗雖已經結束，但其中的三大單證的原理一直使用至今。三大單證是出口時使用的「場站收據」聯單、進口時使用的「交貨記錄」聯單和進出口時都使用的「設備交接單」聯單。現以上海口岸進行的「集裝箱工試」的場站收據聯單為例，介紹其各聯的設計和用途：

第一聯:貨主留底(托運單由貨主繕制後將此聯留存,故列第一聯);
第二聯:船公司或其代理留底;
第三聯:運費通知(1);
第四聯:運費通知(2);
第五聯:裝貨單(SHIPPING ORDER);
第五聯(附頁):繳納出口貨物港務申請書(由港區核算應該收的港務費用);
第六聯(淺紅色):場站收據副本大副聯;
第七聯(黃色):場站收據(DOCK RECEIPT)正本;
第八聯:貨運代理留底;
第九聯:配艙回單(1);
第十聯:配艙回單(2)。

以上一套10張,船公司或其代理接受訂艙後在托運單上加填船名、航次及編號(此編號俗稱關單號,與該批貨物的提單號基本上保持一致),並在第五聯裝貨單上蓋章,表示確定訂艙,然後將二到四聯保存,第五聯以下全部退還給貨運代理公司。貨運代理公司將第五聯、五聯(附頁)、六聯、七聯共四聯撕下,作為報關單使用,第九或十聯交托運人(貨主)作為配艙回執,其餘供內部各環節使用。

托運單雖然有10聯之多,其核心單據則為第五、六、七聯。第五聯是裝貨單,蓋有船公司或其代理的圖章,是船公司發給船上負責人員和集裝箱裝卸作業區接受裝貨的指令,報關時海關查核後在此聯蓋放行章,船方(集裝箱裝卸作業區)憑此聯收貨裝船。第六聯供港區在貨物裝船前交外輪理貨公司,當貨物裝船時與船上大副交接。第七聯場站收據俗稱黃聯(黃色紙張,便於辨認),在貨物裝船時與船上大副簽字(通常由集裝箱碼頭堆場簽字),退回船公司或其代理,據以簽發提單。場站收據聯單樣單如下:

表2-19　　　　　　集裝箱貨物托運單(場站收據托運聯)

Shipper(發貨人)			D/R NO(編號)	
Consignee(收貨人)			集裝箱貨物托運單 貨主留底	
Notify Party(通知人)				
Pre-carriage by (前程運輸)		Place of Receipt (收貨地點)		
Ocean Vessel(船名) Voy No.(航次)		Port of Loading(裝貨港)		
Port of Discharge(卸貨港)		Place of Delivery(交貨地點)	Final Destination(目的地)	
Container No.(集裝箱號)	Seal No.(封志號) Marks & Nos. (標記與號碼)	No. of Containers or Packages(箱數或件數)	Kind of Packages;Description of Goods(包裝種類與貨名)	Gross Weight(毛重/千克)	Measurement(尺碼/立方米)

表 2-19(續)

Total Number of Containers or Packages (in Words) 集裝箱數或件數合計(大寫)							
Freight & Charges (運費與附加費)		Revenue Tons (運費噸)	Rate (運費率)	Per (每)	Prepaid (運費預付)	Collect (到付)	
Ex Rate (兌換率)	Prepaid at (預付地點)		Payable at (到付地點)		Place of Issue (簽發地點)		
	Total Prepaid (預付總額)		No. of Original B(S)/L (正本提單份數)				
Service Type on Receiving □ - CY □ - CFS □ - DOOR		Service Type on Delivery □ - CY □ - CFS □ - DOOR		Reefer Temperature Required (冷藏溫度)		F	C
Type of Goods (種類)	□Ordinary, □Reefer, □Dangerous, □Auto (普通)　(冷藏)　(危險品)　(裸裝車輛)				危險品	Class: Property: IMDG Code Page: UN No. :	
	□Liquid, □Live animal, □Bulk (液體)　(活動物)　(散貨)						
可否轉船		可否分批					

（2）集裝箱貨物托運單的填製方法

集裝箱貨物托運單與海運散貨出口托運單基本相同，發貨人在辦理集裝箱貨物托運時，除應填寫與海運散貨出口托運單相似欄目內容外，還應標明托運貨物的交接方式，如CY-CY、CFS-CFS等和集裝箱貨物的種類如普通、冷藏、液體等。

（3）集裝箱貨物托運單的填製實例

資料：

第一節操作實例信用證。

其他製單資料：

500 GUNNY BAGS LOAD IN 20 FOOT CONTAINER，PER CONTAINER LOAD 250 GUNNY BAGS(CY-CY)。

集裝箱號：COSU8001215 HJCU8747654

封志號：XH156879 MU7865

D/R NO：086

設備交接單號：D-356

提箱地點：NO.68 HONGJIAN ROAD CHENGDU，CHINA

發往地點：NO.87 WENHUA ROAD CHENGDU，CHINA

返回/收箱地點：NO.66 YENGQI ROAD CHENGDU，CHINA

集裝箱營運人: CHINA OCEAN SHIPPING(GROUP) CO.
運輸工具牌號: TRUCK 川 B 0280236
裝箱地點: NO. 87 WENHUA ROAD CHENGDU, CHINA
集裝箱免費期限: 5 天
出場日期: 7 月 10 日 8 時

表 2－20　　　　　集裝箱貨物托運單範本(場站收據托運聯)
(DOCK RECEIPT)

Shipper(發貨人) SICHUAN XIHUA IMPORT AND EXPORT COMPANY LTD. NO. 107 WENHUA ROAD CHENGDU, CHINA				D/R NO(編號)086		
Consignee(收貨人) TO ORDER OF HOCK HUA BANK BERHAD				集裝箱貨物托運單 貨主留底		
Notify Party(通知人) ABC TRADING P. O. BOX 1236, 60078 SIBU, MALAYSIA				^^^		
Pre-carriage by (前程運輸)		Place of Receipt (收貨地點)	^^^			
Ocean Vessel(船名) Voy No. (航次)		Port of Loading(裝貨港) SHANGHAI	^^^			
Port of Discharge(卸貨港) SIBU		Place of Delivery(交貨地點)		Final Destination(目的地)		
Container No. (集裝箱號) COSU8001215 HJCU8747654	Seal No. (封志號); Marks & Nos. (標記與號碼) XH156879 MU7865 ABC SIBU NOS. 1—500	No. of Containers or Packages(箱數或件數) 500 GUNNY BAGS IN 2 × 20 FOOT CONTAINER		Kind of Packages; Description of Goods(包裝種類與貨名) AGRICULTURAL IMPLEMENT 300　DOZEN S301B SHOVEL 200　DOZEN S302B SHOVEL	Gross Weight (毛重/千克) 120,000.0KGS	Measurement(尺碼/立方米) 46m³
Total Number of Containers or Packages(in Words) 集裝箱數或件數合計(大寫)			SAY FIVE HUNDRED GUNNY BAGS ONLY (TWO CONTAINERS)			
Freight & Charges (運費與附加費) FREIGHT PREPAID	Revene Tons (運費噸)	Rate (運費率)		Per (每)	Prepaid (運費預付)	Collect (到付)
Ex Rate (兌換率)	Prepaid at(預付地點) SHANGHAI		Payable at(到付地點)			Place of Issue(簽發地點) SHANGHAI
	Total Prepaid (預付總額)	No. of Original B(S)/L(正本提單份數) THREE(3)				
Service Type on Receiving ☑ - CY　☐ - CFS ☐ - DOOR		Service Type on Delivery ☑ - CY　☐ - CFS ☐ - DOOR		Reefer Temperature Required (冷藏溫度)	F	C

表 2-20(續)

Type of Goods (種類)	☑ Ordinary, ☐ Reefer, ☐ Dangerous, ☐ Auto ✓（普通）（冷藏）（危險品）（裸裝車輛） ☐ Liquid, ☐ Live animal, ☐ Bulk （液體）（活動物）（散貨）	危險品	Class: Property: IMDG Code Page: UN No.：
可否轉船 Allowed	可否分批 Allowed		

3. 提取空箱

訂艙後，貨運代理應提出使用集裝箱的申請，船方會做出安排並發放集裝箱設備交接單。憑設備交接單，貨運代理就可以安排提取所需的集裝箱。例如在整箱貨運時，通常由貨運代理安排集裝箱卡車運輸公司(實踐中通常稱為「集卡車隊」)到集裝箱堆場領取空箱，也可以由貨主自己安排提箱。無論由誰安排提箱，在領取空箱時，提箱人都應該與集裝箱堆場辦理空箱交接手續，並填製設備交接單。交接單是在裝卸區內集裝箱所有者與使用者之間交接集裝箱及設備的憑證。設備交接單一式六聯，上面三聯用於出場，下面三聯是在貨物裝箱後送到港口作業區堆場時，進行重箱交接之用。

（1）設備交接單樣本

表 2-21　　　　　　　　　　　　設備交接單
　　　　　　　　　　　　EQUIPMENT INTERCHANGE RECEIPT　　　　　OUT 出場
　　　　　　　　　　　　　　　　　　　　　　　　　　　　　　　　　NO.：

用箱人/運箱人 CONTAINER USER/HAULIER	提箱地點 PLACE OF DELIVERY		
發往地點 DELIVERED TO	返回/收箱地點 PLACE OF RETURN		
船名/航次 VESSEL/VOY NO.	集裝箱號 CONTAINER NO.	尺　寸/類　型 SIZE/TYPE	營運人 CNTROPTR
提單號 B/L NO.	鉛封號 SEAL NO.	免費期限 FREE TIME PERIOD	運輸工具牌號 TRUCK, WAGON, BARGE NO.
出場目的/狀態 PPS OF GATE-OUT/STATUS	進場目的/狀態 PPS OF GATE-IN/STATUS	出場日期 TIME-OUT	
		月　日　時	
出場檢查記錄 INSPECTION AT THE TIME OF INTERCHANGE			

表 2-21(續)

普通集裝箱 GP CONTAINER	冷藏集裝箱 RF CONTAINER	特種集裝箱 SP CONTAINER	發電機 GEN SET
正常 SOUND 異常 DEFECTIVE	正常 SOUND 異常 DEFECTIVE	正常 SOUND 異常 DEFECTIVE	正常 SOUND 異常 DEFECTIVE

除列明者外,集裝箱及集裝箱設備交接時完好無損,鉛封完好。

用箱人/運箱人：　　　　　碼頭/堆場值班員簽字：

(2)集裝箱設備交接單的填製方法
交接單號碼：按船公司(船代)編製的號碼填製；
經辦日期：指製單日期；
經辦人：要箱單位的經辦人員；
用箱人：一般為訂艙代理單位名稱；
提箱點：空箱存放點；
船名、航次、提單號、貨物發放地點：必須與關單相關項目一致；
經營人：指集裝箱經營人；
尺寸、類型：可簡寫,如 20/DC,即 20 英尺干貨箱；
集裝箱號：指提取空箱箱號；
用箱點：貨運代理人或貨主的裝箱地址；
收箱點：出口裝船的港口作業區；
運箱工具：集卡車號；
出場目的/狀態：如提取空箱,目的是裝箱,狀態是空箱；
進場目的/狀態：如重箱進區,目的是裝船,狀態是重箱；
出場日期：空箱提離堆場日期；
進場日期：重箱進入港口作業區日期。

集裝箱設備交接單的下半部分是出場或進場檢查記錄,由用箱人(運箱人)及集裝箱堆場/碼頭工作人員在雙方交接空箱或重箱時驗明箱體記錄情況,用以分清雙方的責任。

(3)設備交接單的填製實例

表 2-22　　　　　　設備交接單範本
EQUIPMENT INTERCHANGE RECEIPT　　　　　OUT 出場
NO.：D-356

用箱人/運箱人	提箱地點
SINOTRANS SICHUAN CO	NO. 68　HONGJIAN　ROAD, CHENGDU,CHINA
發往地點	返回/收箱地點
NO. 87　WENHUA　ROAD, CHENGDU,CHINA	NO. 66 YENGQI,ROADCHENGDU,CHINA

表 2－22(續)

船名/航次	集裝箱號	尺寸/類型	營運人
DONGENG V. 122	COSU8001215	20/DC	CHINA OCEAN SHIPPING (GROUP) CO.
提單號	鉛封號	免費期限	運輸工具牌號
CPS5501		5 天	TRUCK 川 B 0280236
出場目的/狀態		進場目的/狀態	出場日期
裝箱/空箱			7 月 10 日 8 時
出場檢查記錄			
普通集裝箱	冷藏集裝箱	特種集裝箱	發電機
正常 √ 異常	正常 異常	正常 異常	正常√ 異常

除列明者外,集裝箱及集裝箱設備交接時應完好無損,重箱應鉛封完好。
用箱人/運箱人 SINOTRANS SICHUAN CO 碼頭/堆場值班員簽字:楊紅

4. 貨物裝箱

集裝箱的貨物裝箱工作大多由貨運代理安排進行,並可以在貨主的工廠、倉庫裝箱或是由貨主將貨物交由貨運代理的集裝箱貨運站裝箱。當然,也可以由貨主自己安排貨物的裝箱工作。裝箱人應該根據訂艙單的資料,並核對場站收據和貨物裝箱的情況,填製集裝箱貨物裝箱單。

(1)集裝箱裝箱單樣本

表 2－23　　　　　　　　　裝箱單
CONTAINER LOAD PLAN

集裝箱號 Container No.	集裝箱規格 Type of Container	鉛封號 Seal No.
船名 Ocean Vessel	航次 Voy No.	卸貨港 Port of Discharging

表 2–23(續)

提單號 B/L No.	標誌 Shipping Marks	件數及包裝 Packing & Numbers	貨名 Description of Goods	毛重 G. W (kgs)	整箱重 Container G. W (kgs)	尺碼(立方米) Measurement (CBM)	收貨人及通知人 Consignee & Notify Party

裝箱地點 Loading Spot	裝箱時間 Loading Date	發貨人 Shipper

(2)集裝箱裝箱單填製注意事項

集裝箱裝箱單記載內容必須與場站收據保持一致;所裝貨物如品種不同必須按箱子前部到箱門的先後順序填寫。

(3)集裝箱裝箱單填製實例

表 2–24　　　　　　　　　　　裝箱單
CONTAINER　LOAD　PLAN

集裝箱號 Container No. COSU8001215	集裝箱規格 Type of Container: 20/DC	鉛封號 Seal No. XH156879
船名 Ocean Vessel DONGENG	航次 Voy No. V. 122	卸貨港 Port of Discharging SIBU

提單號 B/L No.	標誌 Shipping Marks	件數及包裝 Packing & Numbers	貨名 Description of Goods	毛重 G. W (kgs)	整箱重 Container G. W (kgs)	尺碼(立方米) Measurement (m³)	收貨人及通知人 Consignee & Notify Party
CPS5501	ABC SIBU NOS. I —500	250 GUNNY BAGS	AGRICULTURAL IMPLEMENT	6000.00 KGS	6500.00 KGS	23m³	TO ORDER OF HOCK HUA BANK BERHAD ABC TRADING P. O. BOX 1236,60078 SIBU, MALAYSIA

裝箱地點 Loading Spot NO. 87 WENHUA ROAD, CHENGDU,CHINA	裝箱時間 Loading Date 2005 年 7 月 11 日	發貨人 Shipper SICHUAN XIHUA IMPORT AND EXPORT COMPANY LTD. NO. 107 WENHUA ROAD,CHENGDU,CHINA 顧華

5. 整箱貨交接簽證

由貨運代理或發貨人自行負責裝箱並加封標誌的整箱貨,通過內陸運輸運到承運人的集裝箱碼頭堆場,並由碼頭堆場根據訂艙清單,核對場站收據和裝箱單接受貨物。整箱貨出運前也應辦理出口手續。集裝箱碼頭堆場在驗收貨箱後,即在場站收據上簽字,並將簽署的場站收據還給貨運代理或發貨人。貨運代理或發貨人可以憑簽署的場站收據要求承運人簽發提單。

6. 換取提單

在支付了預付運費後(在預付運費的情況下),貨運代理或發貨人憑已簽署的場站收據,就可以向負責集裝箱的人或其代理人換取提單。發貨人取得提單後,就可以去銀行結匯。

7. 裝船

集裝箱碼頭堆場或集裝箱裝卸區根據接受待裝的貨箱情況,制定出裝船計劃,等船靠泊以後即行裝船。

二、集裝箱整箱貨進口貨運代理業務流程

海運進口的貨運代理業務是中國貨運代理業務中涉及面最廣、路線最長、量最大、貨種最複雜的貨運代理業務。完整的海運進口業務從國外接貨開始,包括安排裝船、安排運輸、代辦保險,直至貨物運到中國港口後的卸貨,接運報關報驗、轉運等業務。

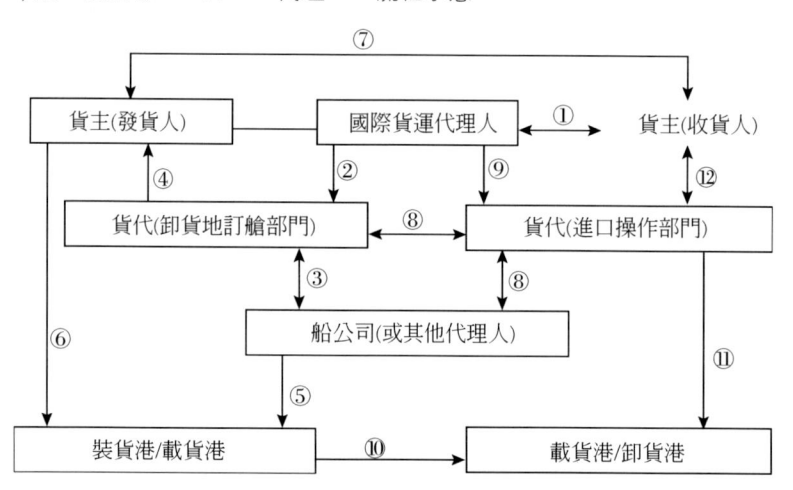

(一)集　箱整箱　口　代理　流程示意

圖 2-5　整箱貨進口貨運集裝箱代理業務流程圖

圖註:
①貨主(收貨人)與貨代建立貨運代理關係;
②在買方安排運輸貿易合同下,貨代辦理 Home Booking 業務,落實貨單即可;
③貨代編製貨物清單後,向船公司辦理訂艙手續;
④貨代通知買賣合同中的賣方(實際發貨人)及裝貨港代理人;
⑤船公司安排載貨船舶抵裝貨港;
⑥實際發貨人將貨物交給船公司,貨物裝船後發貨人取得有關運輸單證,

⑦貨主之間辦理交易手續及單證；
⑧貨代掌握船舶動態，收集、保管好有關單證；
(註：在賣方安排運輸的貿易合同下，前②—⑦項不需要)
⑨貨代及時辦理進口貨物的單證及相關手續；
⑩船抵卸貨港卸貨、貨物入庫、進場；
⑪在辦理了貨物進口報關等手續後，即可憑提貨單到現場提貨，特殊情況下可在船邊提貨；
⑫貨代安排將貨物交收貨人，並辦理空箱回運到空箱堆場等事宜。

(二) 整箱貨進口貨運集裝箱代理業務流程

整箱貨進口貨運集裝箱代理業務流程為：貨運代理接受委託──→卸貨地訂艙──→接運工作──→報檢報關──→監管轉運──→提取貨物。

1. 貨運代理接受委託

貨運代理與貨主雙方建立的委託關係可以是長期的，也可以是就某一批貨物而簽訂的。在建立了長期關係的情況下，委託人往往會把代理寫在合同的一些條款中，這樣，國外發貨人在履行合約有關運輸部分時會直接與代理聯繫，有助於提高工作效率和避免聯繫脫節的現象發生。

2. 卸貨地訂艙

如果貨物以 FOB 價格成交，貨運代理接受收貨人委託後，就負有訂艙或租船的責任，並有將船名、裝船期通知發貨人的義務。特別是在採用特殊集裝箱運輸時，更應盡早預訂艙位。

3. 接運工作

接運工作要做到及時、迅速。主要工作包括加強內部管理、做好接貨準備、及時告知收貨人、匯集單證、及時與港方聯繫、謹慎接卸。

4. 報檢報關

根據國家有關法律法規的規定，進口貨物必須辦理驗收手續後，收貨人才能提取貨物。因此，必須及時辦理有關報檢、報關等手續。

5. 監管轉運

進口貨物入境後，一般在港口報關放行後再內運，但經收貨人要求，經海關核准也可運往另一設關地點辦理海關手續，稱為轉關運輸貨物，屬於海關監管貨物。辦理轉關運輸的申報人必須持有海關頒發的《轉關登記手冊》，承運轉關運輸貨物的承運單位必須是經海關核准的運輸企業，持有《轉關運輸轉載證》；監管貨物在到達地申報時，必須遞交進境地海關轉關關封、《轉關登記手冊》和《轉關運輸準載證》，申報必須及時，並由海關簽發回執，交進境地海關。

6. 提取貨物：貨運代理向貨主交貨有兩種情況：一是象徵性交貨，即以單證交接，貨物到港經海關驗收，並在提貨單上加蓋海關放行章，將該提貨單交給貨主，即為交貨完畢；二是實際性交貨，即除完成報關放行外，貨運代理負責向港口裝卸區辦理提貨，並負責將貨物運到貨主指定地點，交給貨主。集裝箱整箱貨運輸中通常貨代還應負責空箱的還箱工作。以上兩種交貨，都應做好交貨工作的記錄。提貨單樣本如下：

表 2–25   提貨單
                                              DELIVERY ORDER   No
                                                                                  禁止流通

收貨人			下列貨物已辦妥手續,運費結清,請准許交付收貨人
船名	航次	起運港	
提單號	買貨條款	目的港	
卸貨地	進場日期	箱進口狀態	
抵港日期		到付海運費	
一程船		提單號	
集裝箱號/鉛封號	貨物名稱		件數與包裝	重量(kgs)	體積(m³)
請核對放貨: 凡屬法定檢驗、檢疫的進口商品,必須向有關監督機關申報。			中國外運四川分公司 提貨專用章
收貨人章	海關章		

三、拼箱貨貨運代理業務流程

(一) 集裝箱拼箱貨貨運代理業務流程圖

集裝箱運輸的貨物分整箱貨和拼箱貨,有條件的貨代公司也能承辦拼箱業務,即接受客戶尺碼或重量達不到整箱要求的小批量貨物,把不同收貨人、同一卸貨港的貨物集中起來,拼成一個 20 英尺或 40 英尺整箱,這就是集拼。集裝箱拼箱貨貨運代理業務流程如下:

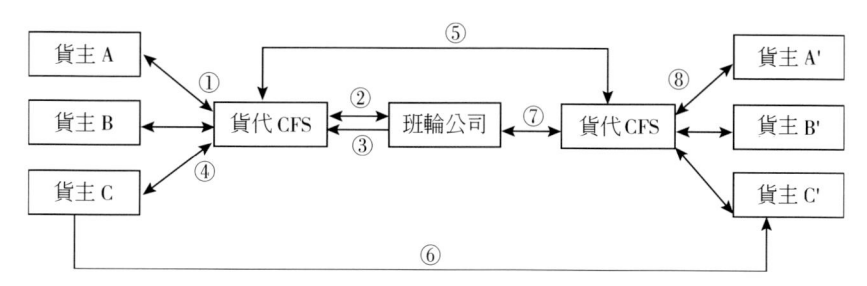

```
 ┌─────┐           ⑤                    ┌─────┐
 │貨主A │────────────────────────────   │貨主A'│
 └─────┘   ①  ┌──────┐ ②  ┌──────┐ ⑦ ┌──────┐ ⑧└─────┘
 ┌─────┐─────→│貨代CFS│←──→│班輪公司│←──→│貨代CFS│←──┌─────┐
 │貨主B │     └──────┘ ③  └──────┘    └──────┘    │貨主B'│
 └─────┘   ④                                      └─────┘
 ┌─────┐                                          ┌─────┐
 │貨主C │                                          │貨主C'│
 └─────┘           ⑥                              └─────┘
```

圖 2-6　拼箱貨貨運代理業務流程圖

圖註：
①A、B、C 等不同貨主(發貨人)將不足一個集裝箱的貨物(LCL)交集拼經營人；
②集拼經營人將拼箱貨拼裝成整箱後,向班輪公司辦理整箱貨物運輸；
③整箱貨裝船後,班輪公司簽發 B/L 或其他單據(如海運單)給集拼經營人；
④集拼經營人在貨物裝船後簽發自己的提單(House-B/L)給每一個貨主；
⑤集拼經營人將貨物裝船及船舶預計抵達卸貨港等信息告知其卸貨港的機構(代理人),同時還將班輪公司 B/L 及 House-B/L 的複印件等單據交卸貨港代理人,以便向班輪公司提貨和向收貨人交付貨物；
⑥貨主之間辦理包括 House-B/L 在內的有關單據的交接；
⑦集拼經營人在卸貨港的代理人憑班輪公司的提單提取整箱貨；
⑧A'、B'、C'等不同貨主(收貨人)憑 House-B/L 在 CFS 提取拼箱貨。

(二)集裝箱拼箱貨貨運代理業務

貨運代理應對集拼的每票貨物各繕制一套托運單(場站收據托運聯),附於一套匯總的托運單(場站收據)上。例如有五票貨物拼成一個整箱,這五票貨物須分別按其貨名、數量、包裝、重量、尺碼等各自繕制托運單,另外繕制一套總的托運單,貨名可作為「集拼貨物」(Consolidated Cargo),數量是總的件數,目的港是統一的,提單號也是統一的編號,但五票分單的提單號則在這個統一編號之後加上 A、B、C、D、E 進行區別,貨物出運後,船公司或其代理人按總托運單簽一份海運提單(Ocean B/L),托運人是貨代公司,收貨人是貨代公司的卸貨港的代理人,然後貨代公司根據海運提單,按五票貨物的托運單(場站收據)內容簽發五份倉至倉提單(House B/L),編號按海運提單號,尾部分別加上 A、B、C、D、E,其內容則與各托運單一致,分發給各托運人到銀行結匯用。

另一方面,貨代公司須將船公司或其代理人簽發給他的海運提單正本連同自己簽發的各 House B/L 副本快郵給卸貨港的代理人,代理人在船到時向船方提供海運提單正本,提取該集裝箱到自己的貨運站(CFS)拆箱,通知 House B/L 的各收貨人持正本 House B/L 前來提貨。

四、技能訓練

1. 四川和洋進出口公司委託豐海貨代公司從廣州代理運輸一批集裝箱貨物到美國的西雅圖(CY-CY),分組模擬海運集裝箱整箱貨出口貨運代理業務流程。熟悉各流程,寫出所需貨運單證,畫出流程圖。(貨主自行報關、報驗)

2. 成都精英進出口公司委託益海貨代公司從寧波代理運輸一批集裝箱貨物到加拿

大的溫哥華(CY－CY),分組模擬海運集裝箱整箱貨進口貨運代理業務流程。熟悉各流程,寫出所需貨運單證,畫出流程圖。

3. 成都精英進出口公司委託益海貨代公司從新加坡代理運輸一批集裝箱貨物到青島(CFS－CFS),分組模擬海運集裝箱拼箱貨貨運代理業務流程。畫出流程圖。

4. 根據所給的資料填製集裝箱托運單一份。

信用證:

中國銀行新加坡分行

BANK OF CHINA SINGAPORE BRANCH

4 BATTERY ROAD #01－008 BANK OF CHINA BUILDING,

SINGAPORE 049908　TEL:4398333

CABLE:CHUNGKUO　TELEX:223047BKCHING

FAX:3458792　SWIFT:BKCHSGSG

ADVISING BANK:BANK OF CHINA,SHANGHAI

IRREVOCABLE DOCUMENTARY CREDIT NO.:1123456

DATED:15 APR.,2005

DATE AND PLACE OF EXPIRY:27 MAY,2005 IN BENEFICIARY'S COUNTRY

BENEFICIARY:SHANGHAI JINHAI IMP AND EXP GROUP GARMENTS BRANCH

NO 50,LANE 424 YAOHUA ROAD,SHANGHAI,CHINA

APPLICANT:ANTAK DEVELOPMENT PTE LDT

101 KIT CHENER ROAD JALAN PLA 2A,SINGAPORE

TEL NO.:3423457

FAX NO.:4723456

AMOUNT:USD 56,300.00 CIF SINGAPORE(SAY UNITED DOLLARS FIFTY SIX THOUSAND AND THREE HUNDRED ONLY)

PARTIAL SHIPMENT:NOT ALLOWED

TRANSHIPMENT:NOT ALLOWED

SHIPMENT FROM CHINA PORT TO SINGAPORE

LATEST SHIPMENT DATE:25 MAY 2005

THIS CREDIT IS AVAILABLE WITH THE ADVISING BANK BY NEGOTIATION AGAINST PRESENTATION OF THE DOCUMENTS DETAILER HEREIN AND BENEFICIARY'S DRAFT(S) AT SIGHT DRAWN ON ISSUING BANK FOR FULL INVOICE VALUE.

DOCUMENTS REQUIRED(IN TWO FOLD UNLESS OTHERWISE STIPULATED):

1)SIGNED COMMERCIAL INVOICE

2)SIGNED WEIGHT/PACKING LIST

3)CERTIFICATE OF CHINESE ORIGIN

4)INSURANCE POLICY/CERTIFICATE ENDORSED IN BLANK FOR 110% CIF VALUE COVERING:ALL RISKS AND WAR RISK

5) FULL SET PLUS ONE PHOTO COPY OF CLEAN ON BOARD OCEAN BILLS OF LADING MADE OUT TO ORDER OF BANK OF CHINA, SINGAPORE, MARKED FREIGHT PREPAID AND NOTIFY APPLICANT EVIDENCING SHIPMENT OF:

700 DOZEN MEN COTTON WOVEN LABOURER SHIRTS(USD 19,180.00)

800 DOZEN MEN COTTON WOVEN SHIRTS(USD 31,680.00)

160 DOZEN MEN COTTON WOVEN SHIRTS(USD 5,440.00)

S/C NO.:00SHGM3178B

SHIPPING MARKS:

K. K. G. T.

73178 SINGAPORE

NO. 1 – 190

OTHER TERMS AND CONDITIONS:

1) ALL BANK CHARGES, INCLUDING REIMBURSEMENT CHARGES, OUTSIDE SINGAPORE ARE FOR ACCOUNT OF BENEFICIARY.

2) THE NUMBER AND DATE OF THIS CREDIT, AND THE NAME OF ISSUING BANK MUST BE QUOTED ON ALL DOCUMENTS.

3) THE WHOLE CONSIGNMENT TO BE UNDER ONE BILL OF LADING.

4) BENEFICIARY'S CERTIFICATE TO CERTIFY THE FOLLOWINGS ARE REQUIRED:

(A) INVOICE WEIGHT/PACKING LIST AND NONNEGOTIABLE BILL OF LADING MUST BE AIRMAILED TO THE APPLICANT IMMEDIATELY AFTER SHIPMENT.

(B) COPIES OF INVOICE AND BILLS OF LADING HAVE BEEN FAXED TO APPLICANT IMMEDIATELY AFTER SHIPMENT.

5) INSURANCE POLICY OR CERTIFICATE MUST SHOW CLAIMS SETTING AGENT AS:「CHINA INSURANCE CO. LTD SINGAPORE」.

6) BILLS OF LADING TO EVIDENCE THE FOLLOWINGS:

(A) SHIPMENT EFFECTED INTO 20 FOOT CONTAINER LOAD(CY – CY).

(B) SHIPMENT EFFECTED BY CONTAINERIZED VESSEL ONLY.

(C) SHOWING APPLICANT'S ADDRESS, TELEPHONE NOS. AND FAX NO.

(D) SHOWING CARRIER/CARRIER'S AGENT AS:「CHINA OCEAN SHIPPING (GROUP) CO」.

(E) SHOWING CONTAINER NUMBER.

7) PACKING: GOODS MUST BE PACKED IN STRONG CARTONS AND STRAPPED WITH STRONG NYLON STRAPS. WEIGHT/PACKING LIST TO SHOW THIS EFFECT IS REQUIRED.

8) ALLOWED TO INCREASE OR DECREASE THE QUANTITY AND AMOUNT BY 5%.

INSTRUCTION TO THE NEGOTIATING BANK:

THE AMOUNT AND DATE OF EACH NEGOTIATION MUST BE ENDORSED ON THE REVERSE OF THE ORIGINAL CREDIT BY THE NEGOTIATING BANK.

ALL DOCUMENTS ARE TO BE SENT TO ISSUING BANK IN ONE LOT. UPON RE-

CEIPT OF DOCUMENTS IN CONFORMITY WITH THE TERMS AND CONDITIONS OF THIS CREDIT,WE SHALL CREDIT OUR HEAD OFFICE ACCOUNT WITH US.

THIS CREDIT IS ISSUED SUBJECT TO *UCP*500.

AUTHORISED　　SIGNATURES

發票號：SHGM 7056　　　　　　日期：2005 年 5 月 10 日

貨物裝運情況：每件貨物毛、淨重及尺碼：

貨號/規格	裝運量及單位	毛/淨重（件）	尺碼
1094L	700DOZ	33KGS/31KGS	68×46×45cm
286G	800DOZ	45KGS/43KGS	72×47×49cm
666	160DOZ	33KGS/31KGS	68×46×45cm

包裝情況：

一件——塑膠袋,6 件——牛皮紙包,8 打或 10 打——外包裝。

尺碼搭配：

(1)1094L：15　　　　16　　　　17
　　　　　 3　　　　 3　　　　 4＝10 打/箱
(2)286G：M　　　　 L　　　　 XL
　　　　　1.5　　　 3　　　　 3.5＝8 打/箱
(3)666：　M　　　　 L　　　　 XL
　　　　　1.5　　　 3.5　　　 3＝8 打/箱

提單號碼：COSC－503

承運船名及航次：ZHONGGHE V.040

集裝箱號：COSU－257289　　　　鉛封號：GH1234

B/L DATE：2005 年 5 月 13 日　　裝箱地點和時間：上海　2005 年 5 月 6 日

裝運港：上海

保險單號碼：SZDB331　　　　日期：2005 年 5 月 11 日

保險代理：CHINA INSURANCE CO LTD.

4 BATTERY ROAD ＃08－0018TH FLOOR

BANK OF CHINA BUILDING SINGAPORE 0104

產地證編號：7681249

商品編碼：6211.3200

5. 根據第二章第一節技能訓練中第四題和下列資料正確繕制集裝箱場站收據托運聯、設備交接單和裝箱單各一份。

資料：

200 GUNNY BAGS LOADIN A 20 FOOT CONTAINER（CY－CY）

集裝箱箱號：HJCU8747654

封志號：MU7865；D/R NO：016

設備交接單號：T－36

提箱地點：NO.78 HONGJIAN ROAD,DALIAN,CHINA

發往地點：NO.67 WENHUA ROAD,DALIAN,CHINA

返回/收箱地點：NO.6 YENGQI ROAD,DALIAN,CHINA
集裝箱營運人：CHINA OCEAN SHIPPING(GROUP)CO. DALIAN BRANCH
運輸工具牌：B0120236
裝箱地點：NO.24 WENHUA ROAD,DALIAN,CHINA
集裝箱免費時間：8 天
出場時間：2005 年 9 月 18 日

6. 根據以下托運單，代新信貨代公司填一份集拼貨物托運聯。

表 2－26　　　　　　　　　　集裝箱貨物托運單

Shipper(發貨人) HONGMING IMPORT AND EXPORT CORPO-RATION 25 SHUANGLAN ROAD, CHENG-DU, CHINA			D/R NO. (編號) 018A			
Consignee(收貨人) TO ORDER			集裝箱貨物托運單 貨主留底			
Notify Party(通知人) TOYOHANM CO. LTD 65 NISHIK16－CHOME KOBE,JAPAN						
Pre-carriage by (前程運輸)		Place of Receipt (收貨地點)				
Ocean Vessel (船名) Voy No. (航次)		Port of Loading (裝貨港) SHANGHAI				
Port of Discharge(卸貨港) KOBE		Place of Delivery(交貨地點)		Final Destination(目的地)		
Container No. (集裝箱號)	Seal No. (封志號) Marks & Nos. (標記與號碼) T. C KOBE NO.1－100	No. of Containers or PKGS. (箱數或件數) 100 CARTONS	Kind of Packages；Description of Goods (包裝種類與貨名) 100% COTTON QUILT CASE		Gross Weight (毛 重/千克) 4000.00 KGS	Measurement (尺碼/立方米) 6.000m³
Total Number of Containers or Packages(In Words) 集裝箱數或件數合計(大寫)			SAY ONE HUNDRED CARTONS ONLY			

表2－26(續)

Freight & Charges (運費與附加費) Freight Prepaid	Revenue Tons (運費噸)	Rate (運費率)	Per (每)	Prepaid (運費預付)	Collect (到付)
Ex Rate (兌換率)	Prepaid at (預付地點) SHANGHAI	Payable at (到付地點)		Place of Issue (簽發地點)	
	Total Prepaid (預付總額)	No. of Original B(S)/L (正本提單份數) THREE(3)			
Service Type on Receiving ☐ － CY ☐ － CFS ☐ － DOOR		Service Type on Delivery ☑ ☐－CY ☑ －CFS ☐ － DOOR	Reefer Temperature Required (冷藏溫度)	F	C
Type of Goods (種類)	☑ Ordinary, ☐Reefer, ☐Dangerous, ☐Auto. √(普通) (冷藏) (危險品) (裸裝車輛) ☐Liquid, ☐Live Animal, ☐Bulk (液體) (活動物) (散貨)		危險品	Class： Property： IMDG Code Page： UN No.：	
可否轉船 NO	可否分批 NO	托運人簽字 HONGMING IMPORT AND EXPORT CORORATION 王月			

表 2−27　　　　　集裝箱貨物托運單(場站收據托運聯)

Shipper(發貨人) SHANDONG ZHONGHAI IMP AND EXP CORP 11 SHUHAN ROAD, CHENGDU, CHINA		D/R NO. (編號) 018D		
Consignee(收貨人) TO ORDER		集裝箱貨物托運單 貨主留底		
Notify Party(通知人) YANLIN FREIGHT FORWARDER CO LTD 86 VINCENT STREET KOBE JAPAN				
Pre-carriage by (前程運輸)	Place of Receipt (收貨地點)			
Ocean Vessel (船名) Voy No. (航次)	Port of Loading (裝貨港) SHANGHAI			
Port of Discharge(卸貨港) KOBE	Place of Delivery(交貨地點)		Final Destination(目的地)	
Container No. (集裝箱號)	Seal No (封志號) Marks & Nos. (標記與號碼) G. A KOBE NO1 − 200	No. of Containers or PKGS (箱數或件數) 200 CARTONS	Kind of Packages; Description of Goods (包裝種類與貨名) WOOLLEN BLANKET	Gross Weight (毛重/千克) 12,000.00 KGS	Measurement (尺碼/立方米) 11.000m³
Total Number of Containers or Packages(In Words) 集裝箱數或件數合計(大寫)	SAY ONE HUNDRED CARTONS ONLY				
Freight & Charges (運費與附加費) FREIGHT PREPAID	Revenue Tons (運費噸)	Rate (運費率)	Per (每)	Prepaid (運費預付)	Collect (到付)

表 2-27(續)

Ex Rate (兌換率)	Prepaid at (預付地點) SHANGHAI	Payable at (到付地點)	Place of Issue (簽發地點)		
	Total Prepaid (預付總額)	No. of Original B(S)/L (正本提單份數) THREE(3)			
Service Type on Receiving ☐ – CY – CFS ☐ – DOOR		Service Type on Delivery ☑ ☐ – CY ☑ – CFS ☐ – DOOR	Reefer Temperature Required (冷藏溫度)	F	C
Type of Goods (種類)	☑ Ordinary, ☐ Reefer, ☐ Dangerous, ☐ Auto. (普通) (冷藏) (危險品) (裸裝車輛) ☐ Liquid, ☐ Live Animal, ☐ Bulk (液體) (活動物) (散貨)		危險品	Class： Property： IMDG Code Page： UN No.：	
可否轉船 NO	可否分批 NO	托運人簽字 SHANDONG ZHONGHAI IMP AND EXP CORP			李豐

第三章 海運提單

提示：
通過本章的學習,學生能熟悉海運提單的性質和作用、海運提單的種類,掌握海運提單的填製方法。

一、海運提單的性質和作用
(1)提單是貨物收據,證明承運人已按提單所載內容收到貨物。
(2)提單是物權憑證。提單合法持有人憑提單在目的港向承運人提取貨物,也可以在貨物到達目的港之前,通過轉讓提單而轉移貨物所有權,或憑以向銀行辦理抵押貸款。
(3)提單是承運人與托運人之間所訂運輸合同的證明。
(4)提單是托運人憑以向銀行辦理議付、結匯的主要單據之一。

二、海運提單的種類
(一)已裝船提單
已裝船提單是指貨物已經裝上指定船只的提單。提單內註有「SHIPPED ON BOARD」字樣,並註明裝貨船名和裝船日期。
(二)備運提單
這是表明貨物已收妥但尚未裝船的提單。提單內註有「RECEIVED FOR SHIPMENT」字樣,提單中只有簽單日期而沒有裝運日期,一般不能憑以結匯和提貨。一旦貨物裝上船後,提單應加裝船批註,從而構成已裝船提單。
(三)清潔提單
這是指在提單簽發時未被加註任何貨損或包裝不良之類批註的提單。結匯如無特殊規定必須提供這種提單。
(四)不清潔提單
這種提單上被加註有貨物或包裝缺陷的批語,如無特殊規定一般不能憑以結匯。習慣上,托運人為取得清潔提單,往往向承運人或其代理人出具保函,以換取清潔提單,但承運人要承擔極大的風險。
(五)指示提單
這種提單在「收貨人」欄內填寫「憑指示」(TO ORDER)或「憑……指示」,可以通過

背書的方法轉讓給他人提貨。

(六)記名提單

記名提單又稱收貨人抬頭提單,是由托運人指定收貨人的提單。這種提單在收貨人欄內填具體收貨人名稱。托運人不得在記名提單上背書轉讓,但指定收貨人可以轉讓。

(七)不記名提單

這是指在收貨人欄內只填交與持有人的提單。這種提單不需背書即可轉讓,但是一旦提單遺失或被盜,貨物就很容易被人提走,而且極易引起糾紛。

三、提單的繕制

(一)提單號碼(B/L NO.)

提單上必須註明承運人及其代理人規定的提單編號,以便核查,否則提單無效。

(二)托運人(SHIPPER)

本欄目填寫出口人的名稱和地址。

《UCP500》規定,如信用證無其他規定,提單可以第三方作為托運人。此時,受益人可能是中間商,而第三方才是實際出口人。

(三)收貨人(CONSIGNEE)與背書

提單收貨人又稱抬頭人,與托運單收貨人欄目的填寫完全一致。

1. 指示抬頭

指示抬頭也稱空白抬頭,即在提單收貨人欄內填寫「To Order」或「Order」(憑指示)。這種提單須經托運人背書後轉讓。

例如,如來證規定「made out to order and endorsed to ABC Bank...」,則提單收貨人的填寫及背書手續如下:

提單收貨人欄內填寫:To Order

提單背面由托運人作記名背書:Deliver to ABC Bank

For DNO Co.

×××(托運人簽章)

2. 憑××指示抬頭

憑××指示抬頭也稱空白抬頭,即在提單收貨人欄內填寫「To Order of ×××」(憑×××指示),這種提單須由收貨人欄規定的指定人背書後方可轉讓。

例如,如來證規定「...made out to our order and endorsed in blank...」,則提單收貨人的填寫及背書手續如下(設開證行為 ABC 銀行):

提單收貨人欄填寫:To Order of ABC Bank

提單背面由 ABC 銀行作空白背書,即 ABC 銀行簽章即可。

(四)被通知人(NOTIFY PARTY,NOTIFY,ADDRESSED TO)

被通知人是指貨物到達目的地後,承運人將要通知其前來辦理接貨事宜的有關當事人。該當事人並不一定是收貨人,而往往只是收貨人的代理人,貨到目的港時由承運人通知其辦理報關提貨等手續。本欄目的填寫與托運單相同欄目的內容一致。

(1)在信用證方式下,應按信用證規定填製。如來證規定「Full Set of B/L...Notify Applicant」,應在本欄目中將開證申請人的全稱及地址填上。

(2)托運方式下,本欄目可填寫合同的買方。

（五）船名（NAME OF VESSEL）

填寫實際載貨船舶的名稱和本次航行的航次。例如：FengQing V. 102。沒有航次的可以不填航次。

（六）裝貨港（PORT OF LOADING）

（1）按信用證規定填寫。如信用證只籠統規定為「Chinese Port」，製單時應按實際情況填寫具體的港口名稱，如「Qingdao」。如信用證同時列明幾個裝貨港，如「Xingang/Qinhuangdao/Tangshan」，提單只能填寫其中一個實際裝運港口名稱。

（2）托運方式下，應按合同規定填寫。

（七）卸貨港（PORT OF DISCHARGE）

卸貨港是指海運承運人終止承運責任的港口，即目的港。

（1）除 FOB 價格條件下，卸貨港不能填籠統的名稱，如「European Main Port」，必須列出具體的港口名稱。在國際上港口有重名的，還應加註國別名稱。

（2）如經轉船，應在卸貨港名稱之後加註轉船港名稱，如「Rotterdam W/T at Hongkong」，或在貨名欄下方的空白處加註轉船的說明。

（3）如貨物在卸貨港後須經內陸轉運或陸運至鄰國，應在填寫卸貨港名稱後，另在貨名欄下方的空白處或嘜頭中加註「In Transit to ×××」，切不能在卸貨港名稱後加填，以說明賣方只負責裝貨運至該卸貨港，以後的轉運由買方負擔。

（4）對美國、加拿大 O. C. P 地區出口，卸貨港名稱後可註「O. C. P」字樣。如來證要求註明轉運的內陸城市名稱，可在貨名欄下方的空白處或嘜頭中加註「O. C. P×××（內陸城市名稱）」，以便中轉公司辦理轉運至該內陸城市。

（5）如來證規定卸貨港為「London/Hamburg/Rotterdam」，表示由賣方選港，提單只能填寫其中一個港口名稱。

（八）最終目的地（FINAL DESTINATION）

最終目的地指聯合運輸終點站。本欄目應當是運輸的最終目的地。如屬港至港提單，則本欄目可留空不填或仍填卸貨港名稱。

（九）嘜頭（MARKS NO. ）

按信用證規定繕制。

（十）件數和包裝種類（NUMBER AND KIND OF PACKAGES）

（1）對包裝貨，本欄目應填寫包裝數量和計量單位，如「100 bales」，「250 drums」等。在欄目下面的空白處或大寫欄內加註大寫件數，如「SAY ONE HUNDRED BALES ONLY」。

（2）如是散裝貨，本欄目可加註「In bulk」，無須加大寫。

（3）如是裸裝貨，應加件數。如一輛汽車，填「1 unit」；100 頭牛，填「100 head」等，並加註大寫數量。

（4）如果是兩種或多種包裝，應逐項列明件數和包裝種類並加註合計數，在大寫欄內或空白處註明大寫合計數量。

（十一）貨名（DESCRIPTION OF GOODS）

提單列明的貨名僅是信用證規定的裝運的貨物，應與信用證和發票及其他單據相一致。如發票貨名過多或過細，提單可打出貨物的統稱，但不得與發票貨名相矛盾。

（十二）毛重和尺碼（GROSS WEIGHT, MEASUREMENT）

（1）如無特別規定，提單上填毛重不填淨重。一般以公斤為單位，公斤以下四捨五入。

（2）如沒有毛重只有淨重，應先加註「Net Weight」或「N. W」再列明具體的淨重數量。

（3）尺碼以立方米表示，立方米以下保留小數點後三位數。

（十三）運費和費用（FREIGHT AND CHARGES）

除非有特別規定，本欄只填列運費的支付情況，不填具體金額。

（1）按 CIF 或 CFR 等價格條件成交時，運費在簽發提單之前支付，本欄目應註明「Freight Paid」或「Freight Prepaid」。

（2）按 FOB 或 FAS 等價格條件成交時，運費在目的港支付，本欄目應註明「Freight to Collect」或「Freight Payable at Destination」。

（3）全程租船運輸時，本欄目註明「As Arranged」。

（十四）運費支付地（FREIGHT PAYABLE AT）

本欄目填實際支付運費的地點。

（十五）正本提單份數（NUMBER OF ORIGINAL BS/L）

收貨人憑正本提單提貨。正本提單的份數應按信用證的要求，在本欄目內用大寫（如 TWO、THREE 等）註明。每份正本提單的效力相同，憑其中一份提貨後，其餘各份失效。

（十六）簽單地點和日期（PLACE AND DATE ISSUE）

提單的簽單地點應為裝運地點。提單簽發日期即為裝運日期，應不遲於信用或合同規定的最遲裝運日期。

（十七）簽署（SIGNATURE）

1. 承運人簽字

提單上部：COSCO

提單簽字處：COSCO

（簽字）

　　　　　AS CARRIER 或者 THE CARRIER

2. 代理人簽字

提單上部：COSCO

提單簽字處：ABC SHIPPING CO.

（簽字）

　　　　　AS AGENT FOR AND/OR ON BEHALF OF THE CARRIER COSCO

3. 船長簽字

提單上部：COSCO

提單簽字處：COSCO（或不加註或加註船名）

（簽字）

　　　　　AS MASTER 或 THE MASTER

4. 代理人簽字

提單上部：COSCO

提單簽字處 ：ABC SHIPPING CO.

（簽字）
AS AGENT FOR AND /OR ON BEHALF OF THE MASTER
×××OF THE CARRIER COSCO

(十八) 前段運輸(PRE-CARRIAGE BY)

這是指聯合運輸過程中在裝貨港裝船前的運輸。例如,從石家莊用火車將貨運到新港,再由新港裝船運至目的港,此欄可填寫「WAGON NO. ×××」。

(十九) 收貨地點和交貨地點

收貨地點,指前段運輸的收貨處。如上例,就註明「石家莊」。交貨地點是聯合運輸的終點站,應填寫最終目的地名稱。

(二十) 集裝箱號、鉛封號(CONTAINER NO. AND SEAL NO.)

裝載集裝箱貨物,如果一張提單之下的貨物要裝載兩個以上集裝箱,應分別列出每個集裝箱的規格、箱號、簽封號、件數、毛重、尺碼以及集裝箱交接方式。假設有一批貨物共 1200 袋,裝兩個集裝箱,則應分別表示如下：20′ CBHU0358765, 23835, 600 BAGS 16,800KGS 26.567M CY/CY, 20′ CBHU0358724, 23836, 600 BAGS 16,800KGS 26.567M CY/CY。其意即為：第一個集裝箱規格是 20 英尺,箱號為 CBHU0358765,簽封號為 23835,該箱裝 60 袋,毛重 16,800 公斤,尺碼 26.567 立方米,集裝箱交接方式為 CY/CY。如果提單上沒有設置專門的欄目,應在提單的空白處打上集裝箱號。鉛封號是海關查驗貨物後作為封箱的鉛制關封號,應如實註明。

(二十一) 證明內容

證明內容是指信用證要求在提單上對某項內容加以證實的條款,如貨船不能停泊某港口,或船只不得懸掛某國國旗,或某些其他特別條款。這些條款千萬不能忽略,應在提單上如實顯示出來。如 L/C 規定：3/3 ORIGINAL PLUS TWO NON-GEGOTIABLE COPIES OF CLEAN ON BOARD OCEAN BILLS OF LADING TO THE OREDER OF SHIPPER, BLANK ENDORSED, MARKED「FREIGHT PREPAID」AND SHOWING NOTIFY ZB INDUSTRIED INC, CA, AND STATING THAT「THIS REFRIGERATED CARGO WAS STOWED AND MAINTAINED AT MINUS 18 DEGREES C OR LOWER」,則應在提單上註明以冷藏車裝運。

四、提單填製實例

根據所提供的信用證填製提單：

(一) 信用證資料

ZCZC
FROM：CHEMICAL BANK NEW YORK
OUR REF：NY980520004658001T01
TO ：BANK OF CHINA SHANGHAI BRANCH
　　　50 HUQIU ROAD, SHANGHAI
　　　PEOPLE'S REP. OF CHINA
TEST：FOR USD 188,256.00 ON DATE14/04/2003
PLEASE ADVISE BENEFICIARY OF THE FOLLOWING IRREVOCABLE LETTER OF

CREDIT ISSUED BY US IN THEIR FAVOR SUBJECT TO「UCP 500」:

DOCUMENTARY CREDIT NUMBER: DRG - LDLC01

DATE AND PLACE OF EXPIRY : June 15th 2003, IN CHINA

APPLICANT : DRAGON TOY CO. ,LTD. 1180 CHURCH ROAD NEW YORK,PA 19446 IN U.S.A.

BENEFICIARY: LIDA TRADING CO. LTD NO. 1267 EAST NANJING ROAD SHANGHAI,CHINA

AMOUNT: USD 188,256.00

SAY UNITED STATES DOLLARS ONE HUNDRED AND EIGHTY EIGHT THOUSAND TWO HUNDRED AND FIFTY SIX ONLY.

AVAILABLE WITH : ANY BANK

BY: NEGOTIATION OF BENEFICIARY'S DRAFT(S) AT 30 DAYS' SIGHT DRAWN ON CHEMICAL BANK, NEW YORK, ACCOMPANIED BY THE DOCUMENTS INDICATED HEREIN.

COVERING SHIPMENT OF :

COMMODITY ART. NO. QUANTITY

TELECONTROL RACING CAR

    18812   2000 PIECES

    18814   2000 PIECES

    18817   2000 PIECES

    18818   2000 PIECES

SHIPPING TERMS : CIF NEW YORK

SHIPPING MARK: LD - DRGSC01/DRAGON TOY/NEW YORK/NO. 1 - UP

DOCUMENTS REQUIRED :

- 3 COPIES OF COMMERCIAL INVOICE SHOWING VALUE IN U.S. DOLLARS AND INDICATING L/C NO. AND CONTRACT NO.

- 2 COPIES OF PACKING LIST SHOWING GROSS/NET WEIGHT AND MEASUREMENT OF EACH CARTON.

- CERTIFICATE OF ORIGIN IN TRIPLICATE ISSUED BY CHINA CHAMBER OF INTERNATIONAL COMMERCE.

- 2 COPIES OF INSURANCE POLICY OR CERTIFICATE ENDORSED IN BLANK FOR THE TOTAL INVOICE VALUE PLUS 10% COVERING ALL RISKS AND WAR RISK AS PER AND SUBJECT TO OCEAN MARINE CARGO CLAUSES OF THE PEOPLE'S INSURANCE COMPANY OF CHINA DATED 1/1/1981.

- 3/3 SET AND ONE COPY OF CLEAN ON BOARD OCEAN BILLS OF LADING MADE OUT TO ORDER AND BLANK ENDORSED MARKED FREIGHT PREPAID AND NOTIFY APPLICANT.

PARTIAL SHIPMENTS: PERMITTED

TRANSSHIPMENTS: PERMITTED

SHIPMENT FROM : SHANGHAI, CHINA   TO: NEW YORK

NOT LATER THAN：MAY 31,2003

DOCUMENTS MUST BE PRESENTED WITHIN 15 DAYS AFTER SHIPMENT, BUT WITHIN VALIDITY OF THE LETTER OF CREDIT.

INSTRUCTIONS TO THE PAYING/ACCEPTING/NEGOTIATING BANK：

NEGOTIATING BANK IS TO FORWARD ALL DOCUMENTS IN ONE AIRMAIL TO CHEMICAL BANK NEW YORK, 55 WATER STREET, ROOM 1702, NEW YORK, NEW YORK 10041 U.S.A ATTN：LETTER OF CREDIT DEPARTMENT

END OF MESSAGE

NN/

62814 CBC VW

(WRU)

34127, 8B BOCSH CN

……

NNNN

(二)填製範例

表 3-1　　　　　　　　　　　　　　提單

BILL OF LADING

1) **SHIPPER** LIDA TRADINF CO,LTD NO. 1267 EAST NANJING ROAD, SHANGHAI,CHINA	10) **B/L NO.**　　　　　　LD-DRGBL01
2) **CONSIGNEE** TO ORDER	**COSCO** 中國遠洋運輸(集團)總公司 **CHINA OCEAN SHIPPING(GROUP) CO.**
3) **NOTIFY PARTY** DRAGON TOY CO.,LTD. 1180 CHURCH ROAD NEW YORK, PA 19446 U.S.A	*ORIGINAL* **Combined Transport BILL OF LADING**

4) **PLACE OF RECEIPT** SHANGHAI CY	5) **OCEAN VESSEL** CHENG FEN	
6) **VOYAGE NO.** V. 208	7) **PORT OF LOADING** SHANGHAI	
8) **PORT OF DISCHARGE** NEW YORK	9) **PLACE OF DELIVERY** NEW YORK CY	

11) **MARKS**	12) **NOS. & KINDS OF PKGS.**	13) **DESCRIPTION OF GOODS**	14) G.W.(kg)	15) **MEAS**(m^3)

LD – DRGSC01　　TELECONTROL RACING CAR　9200　　99.533
DRAGON TOY
NEW YORK　　　　600 CARTONS
NO.1 – 600
　　FREIGHT PREPAID
　　L/C NO. DRG – LDLC01

16) **TOTAL NUMBER OF CONTAINERS OR PACKAGES (IN WORDS)**			SAY SIX HUNDRED CARTONS ONLY	
FREIGHT & CHARGES	**REVENUE TONS**	**RATE**	**PER**	**PREPAID**
PREPAID AT	**PAYABLE AT**		17) **PLACE AND DATE OF ISSUE** SHANGHAI　　　20 – May – 01	
TOTAL PREPAID	18) **NUMBER OF ORIGINAL B(S)L** THREE			
LOADING ON BOARD THE VESSEL 19) **DATE**　20 – May – 01　20) **BY**　倪永海			21)　　　　　　　　　　倪永海 COSCO SHANGHAI SHIPPING CO.,LTD. AS AGENT FOR THE CARRIER CHINA	
	COSCO SHANGHAI SHIPPING CO.,LTD. AS AGENT FOR THE CARRIER CHINA			

　　ENDORSEMENT: LIDA TRADING CO.,LTD
　　　　　　　　　　　　× × ×　　20 – May – 01

五、技能訓練
1. 認真閱讀所提供的信用證及相關資料後填製提單:
ALAHLI BANK OF KUWAIT
IRREVOCABLE LETTER OF CREDIT NO. 609/23262
KUWAIT;DATE: 5 MAY 2001
　BENEFICIARY:SHANDONG IMPORT & EXPORT CORP,7 ZHANSHAN ROAD,QINGDAO,CHINA
　ADVISING BANK:BANK OF CHINA,QINGDAO BRANCH,QINGDAO,CHINA
　AMOUNT:ABOUT USD 7,200.00(ABOUT SEVEN THOUSAND TWO HUNDRED US DOLLARS)
　APPLICANT: SAMIEH TEXTILE & BLANKET CO. LTD.
　　　　　P. O. BOX 299934,SAFAT

KUWAIT
VALID IN:CHINA   AVAILABLE AT:SIGHT
VALID UNTIL:15 JULY,2000   SHIPPING TERMS:CFR KUWAIT

PLEASE ADVISE OUR ABOVE IRREVOCABLE LETTER OF CREDIT AVAILABLE BY BENEFICIARIES DRAFT/S, WITHOUT RECOURSE, DRAWN ON US FOR THE FULL INVOICE VALUE AND ACCOMPANIED BY THE FOLLOWING DOCUMENTS:

- SIGNED COMMERCIAL INVOICE IN QUINTUPLICATES CERTIFYING THAT EACH PIECE CARTON/CASE OF THE GOODS CARRIED THE NAME OF COUNTRY OF ORIGIN IN NON-DETACHABLE OR NON-ALTERABLE WAY
- CERTIFICATE OF ORIGIN IN ORIGINAL AND AT LEAST ONE COPY SHOWING BENEFICIARIES AS MANUFACTURERS
- PACKING LIST IN TRIPLICATE SHOWING DESCRIPTION OF GOODS ITEM NO. AS PER HARMONIC SYSTEM NO. OF PACKAGES, KIND OF PACKAGE, CONTENTS OF PACKAGE, GROSS WEIGHT, AND NET WEIGHT OF EACH ITEM
- COMPLETE SET OF AT LEAST 3/3
- CLEAN「ON BOARD」MARINE BILLS OF LADING ISSUED TO THE ORDER OF ALAHLI BANK OF KUWAIT. K.S.C. NOTIFYING OPENERS AND EVIDENCING「FREIGHT PREPAID」.

SHIPPING DOCUMENTS TO EVIDENCE SHIPMENT FROM CHINA TO KUWAIT NOT LATER THAN 30 JUNE,2000 BY VESSEL(SS/MV)
COVEING:
ABOUT 6,000 YARDS ART 032,65% POLYESTER,35% VISCOSE
MIXED SUITING FABRICS WEIGHT:ABT. 250 GRAMS PER METER.
SIZE:58」× ABT.25 YARDS PIECES@ USD 1.20 PER YARD.

CERTIFIED ON INVOICES THAT ALL OTHER DETAILS OF THE GOODS SHIPPED ARE AS PER INDENT NO. CTT/CH－33/93 S/C:11JUN30

SPECIAL CONDITIONS:
1) CERTIFICATE OF ORIGIN MUST SHOW NAME AND ADDRESSES OF MANUFACTURERS AND EXPORTERS AND NAME OF EXPORTING COUNTRY/IES.
2) AT THE TIME OF NEGOTIATION, PLEASE DEDUCT FROM YOUR PAYMENTS TO THE BENEFICIARIES 3% OF INVOICE VALUE OUT OF WHICH 1% DUE TO SAMIEH BASHEER NESWETH KUWAIT AND THE BALANCE 2% DUE TO ACHIM TEXTILES CO. LTD. ,KUWAIT AS COMMISSION WHICH WILL BE PAID BY US LOCALLY.

TRANSHIPMENT:PERMITTED. IN THIS CASE,THROUGH BILLS OF LADING ARE REQUIRED.
TRANSHIPMENT AT ISRAEL IS PROHIBITED.
PARTSHIPMENT:PERMITTED.
- NEGOTIATION RESTRICTED TO ADVISING BANK/S ONLY
- SHIPPING MARKS:ABUZIAD－KUWAIT/CTT/CH－33/93 MADE IN CHINA
REIMBURSEMENT INSTRUCTIONS:

DRAWN ON OUR ACCOUNT WITH THE BANK OF NEW YORK U.S.A.

CERTIFYING TO THEM AND TO US THAT THE CREDIT TERMS HAVE BEEN COMPLIED WITH ALL DRAFTS TO BE MARKED「DRAWN UNDER ALAHLI BANK OF KUWAIT (KSC) L/C NO. 609/23262 DATED 5 MAY 1994」WE UNDERTAKE TO HONOUR ALL DRAFTS DRAWN IN STRICT COMPLIANCE WITH THE TERMS OF THIS CREDIT.

PLEASE CLAIM YOUR CHARGES, IF ANY, DIRECT FROM THE REIMBURSING BANK AT THE TIME OF NEGOTIATION OR ON EXPIRY OF THE CREDIT.

PLEASE FORWARD TO US THE ORIGINAL SET OF DOCUMENTS BY REGISTERED AIRMAIL AND THE DUPLICATES BY SUBSEQUENT AIRMAIL.

THIS CREDIT IS SUBJECT TO THE UNIFORM CUSTOMS AND PRACTICE FOR DOCUMENTARY CREDITS (1993 REVISION) INTERNATIONAL CHAMBER OF COMMERCE PUBLICATION NO. 500

FOR ALAHLI BANK KUWAIT (KCS)

製單參考資料：

1) Commodity: Mixed Suiting Fabrics

2) Quantity: 6,000 Yards

3) Specifications: Art. 250 Grams Per Meter
　　　　　　　　　Size: 58」ABT. 25 Yards Pieces

4) Price: USD 1.20 Per Yard CFR Kuwait

5) Packed in Cartons of 22 Pieces Each (NO. 1–10) 10 piece each (11–12), total: 240 pieces

6) Gross Weight: 1,398kgs

Net Weight: 1,370kgs

Measurement: 42.505 立方米

7) Shipped Per M/V「Maria」B/L No. 275

8) Shipping Marks: ABUZIAD – KUWAIT
　　　　　　　　　CTT/CH – 33/93
　　　　　　　　　MADE IN CHINA
　　　　　　　　　No. 1 – 12

9) Invoice No.: 20MSF43

2. 根據以下資料填製提單：

MT S700	ISSUE OF A DOCUMENTARY CREDIT
SEQUENCE OF TOTAL	27: 1/1
FROM OF DOC. CREDIT	40A: IRREVOCABLE
DOC. CREDIT NUMBER	20: LC82H0010/04
DATE OF ISSUE	31C: 040115
EXPIRY	31D: DATE 040330 PLACE CHINA
APPLICANT BANK	51 A: *CITIBANK
	NEW YORK
	U.S.A

APPLICANT	*50:PACIFIC MILLENNIUM(MACAU COMMERCIAL OFF SHORE)COMPANY LIMITED UNIT 1106-7
	SUN PLAZA 28,FIRST AVENUE
	NEW YORK U.S.A.
	TEL.:001-1111-2324
BENEFICIARY	*59:DALIAN SHIJI TRADING CO.,LTD.
	NO.222 WUHUI ROAD, ZHONGSHAN DISTRICT,DALIAN
	P.R.CHINA
	TEL.:0086-411-87891212
AMOUNT	32 B:CURRENCY USD AMOUNT 14,000.00
POS./NEGTOL(%)	39A:10/10
AVAILABLE WITH/BY	41 A: *CITIBANK
	*NEW YORK
	U.S.A
	BY ACCEPTANCE
DRAFTS AT	42C:90 DAYS SIGHT
	FOR 100 PCT INVOICE VALUE
DRAWEE	42A: *CITIBANK
	*NEW YORK
	U.S.A
PARTIAL SHIPMENTS	43 P:NOT ALLOWED
TRANSSHIPMENT	43 T:ALLOWED
LOADING IN CHARGE	44A:DALIAN PORT CHINA
FOR TRANSPORT TO	44B:NEW YORK USA
LATEST DATE OF SHIP	44C:040228
DESCRIPT OF GOODS	45A:

TERMS OF DELIVERY:CIF NEW YORK
WINCH 2000 PCS AS PER
CONTRACT NO:SHIP 3325
AT USD 7.00/PCS
TOTAL:USD 14,000.00
DOCUMENTS REQUIRED   46 A:
        SIGNED ORIGINAL COMMERCIAL INVOICE IN 3 COPIES INDICATING
        L/C NO. AND CONTRACT NO. SHIP3325
        3/3 SET OF ORIGINAL CLEAN ON BOARD OCEAN BILLS OF LADING
        MADE OUT TO ORDER WITH 3 NON-NEGOTIABLE COPIES AND BLANK

ENDORSED MARKED FREIGHT PREPAID NOTIFYING APPLICANT
SIGNED ORIGINAL PACKING LIST/WEIGHT MEMO IN 3 COPIES ISSUED BY
BENEFICIARY SHOWING QUANTITY/GROSS AND NET WEIGHT FOR EACH
PACKAGE AND PACKING CONDITIONS AS CALLED FOR BY THE L/C
SIGNED ORIGINAL CERTIFICATE OF QUALITY IN 3 COPIES ISSUED BY BENEFICIARY
1/1 SET OF ORIGINAL INSURANCE POLICY OR CERTIFICATE, ENDORSED IN BLANK WITH 1 COPY COVERING OCEAN MARINE TRANSPORTATION ALL RISKS AND WAY RISKS
FOR 110 PCT INVOICE VALUE
SHOWING CLAIMS PAYABLE IN USA IN CURRENCY OF THE DRAFT
BENEFICIARY'S CERTIFIED COPY OF FAX DISPATCHED TO APPLICANT WITHIN 96 HOURS AFTER SHIPMENT
INDICATING CONTRACT NO., L/C NO., NAME OF VESSEL, AND DETAILS OF SHIPMENT.
SIGNED ORIGINAL CERTIFICATE OF QUANTITY/WEIGHT IN 3 COPIES
ISSUED BY BENEFICIARY INDICATING THE ACTUAL SURVEYED QUANTITY/WEIGHT OF SHIPPED GOODS AS WELL AS THE PACKING CONDITION.
BENEFICIARY'S CERTIFICATE CERTIFYING THAT ONE EXTRA COPY OF EACH DOCUMENT CALLED FOR HEREIN HAS BEEN DISPATCHED TO APPLICANT AFTER SHIPMENT.
ONE SET OF EXTRA PHOTO COPY OF ORIGINAL B/L AND ORIGINAL INVOICE.

ADDITIONAL COND.	47A:

FOR EACH DOCUMENTARY DISCREPANCY(IES) UNDER THIS CREDIT, A FEE OF USD 60.00 WILL BE DEDUCTED FROM THE WHOLE PROCEEDS.
BOTH QUANTITY AND AMOUNT 10 PCT MORE OR LESS ARE ALLOWED.
BENEFICIARY'S TEL:0086-411-82375008

DETAILS OF CHARGES	71B：ALL BANKING CHARGES OUTSIDE THE ISSUING BANK INCLUDING THOSE OF REIMBURSEMENT BANK ARE FOR ACCOUNT OF BENEFICIARY
PRESENTATION PERIOD	48：DOCUMENTS TO BE PRESENTED WITHIN 21 DAYS AFTER THE ISSUANCE OF THE SHIPPING DOCUMENTS BUT WITHIN THE VALIDITY OF THE CREDIT.
CONFIRMATION INSTRUCTIONGS	49：WITHOUT
	78：ALL DOCUMENTS TO BE FORWARDED TO CITIBANK NEW YORK U.S.A IN ONE COVER BY COURIER SERVICE UNLESS OTHERWISE STATED ABOVE. WE HEREBY UNDERTAKE THAT UPON RECEIPT OF THE ORIGINAL DOCUMENTS IN COMPLIANCE WITH THE TERMS OF THIS CREDIT, THE DRAFTS DRAWN UNDER WILL BE DULY HONORED. THIS CREDIT IS SUBJECT TO U.C.P FOR DOCUMENTARY CREDIT, 1993 REVISION ICCP NO. 500.

賣方於 2 月 28 日裝船完畢，取得提單。貨物明細如下：

Art No	Commodity	Unit	Quantity	Unit Price (USD)	Amount (USD)
	WINCH AS PER CONTRACT NO：SHIP3325	PCS	2,000	7.00/PCS	USD 14,000.00
Total Amount：USD 14,000.00						

第四章
租船貨運代理業務

提示：

通過本章的學習，學生不僅應熟悉航次租船的填製方法，還應掌握滯期費和速遣費的計算方法。

第一節　租船運輸的特點和方式

一、租船運輸的特點和方式

(一)租船運輸的基本特點

租船運輸的基本特點是：沒有固定的航線、固定的裝卸港口、固定的船期，也沒有固定的運價。

(二)租船運輸的方式

租船運輸方式主要有航次租船、定期租船、光船租船三種。其中最基本的租船運輸的經營是具有承攬性質的航次租船。這種方式在國際上使用較廣泛。

二、航次租船(Voyage Charter)

(一)航次租船的含義

航次租船又稱為定程租船或程租船，它以航程為基本租船方式。在這種租船方式下，船方必須按租船合同規定的航次完成貨物運輸任務，並負責船舶的經營管理以及船舶在航行中的一切開支費用，租船人按約定支付運費。

(二)航次租船的特點

(1)船泊的經營管理由船方負責；

(2)規定了一定的航線和裝運的貨物種類、名稱、數量以及裝卸港口；

(3)船方除對船舶的航行、駕駛、管理負責外，還應對貨物運輸負責；

(4)在使用多次的情況下，運費按所運貨物數量計算；

(5)規定一定的裝卸期限或裝卸率,並計算滯期費和速遣費;
(6)承租雙方的責任義務以定程租船合同為準。
(三)航次租船的種類
航次租船按運輸形式可分為以下幾種:
單程租船、來回程租船、連續航次租船、航次期租船、包運合同租船。

三、定期租船(Time Charter)
(一)定期租船的含義
定期租船就是由船舶出租人將船舶租給租船人使用一定期限,在期限內由租船人自行調度和經營管理,租金按月(或按 30 天)每載重噸若干金額計算。
(二)定期租船的特點
(1)租賃期間,船舶的經營管理由租船人負責;
(2)不規定船舶航線,只規定船舶航行區域;
(3)除特別規定外,可以裝運各種合法貨物;
(4)船方負責船舶的維修、護理和機器的正常運行;
(5)不規定裝卸率和滯期速遣費;
(6)租金按租期每月每噸若干金額計算;
(7)船租雙方的權利義務以定期租船合同為準。

第二節　航次租船合同條款

國際貨物運輸用得最多的租船方式是航次租船,航次租船合同的條款反應了船舶所有人和承租人的意願,規定了各自的義務,是一項詳細記載雙方當事人的權利和義務以及程租船各項條件和條款的承諾性運輸契約。在實際使用中可根據具體情況和對雙方有利的原則,對標準合同格式中的若干條款進行刪減或增加。

中國《海商法》第九十三條規定:「航次租船合同的內容,主要包括出租人和承租人的名稱、船名、船籍、載貨重量、容積、貨名、裝貨港和目的港、受載期限、裝卸期限、運費、滯期費、速遣費以及其他有關事項。」

現將航次租船合同的主要條款介紹如下:

一、關於裝卸港的規定

最簡單的訂法是把裝卸港數目和港口的名稱訂在合同中。比較靈活的訂法是籠統地訂裝卸區,如屬我方租船則可訂「一個中國港口由租船人選擇」,通常要求指定的港口是安全港。

二、受載日和解約日

從受載日至解約日這段時間稱為受載期。受載日是受載期的第一天,解約日是最後一天,在這個期間,船方必須準備好裝貨,租方必須按時裝貨。受載期由船東在報盤時提出,並由租船人接受。

三、裝卸責任和費用的劃分

裝卸費用的劃分有以下 4 種方法：

(一) 船方負責裝卸費用 (Gross Terms or Liner Terms)

船方負責裝卸費用又稱班輪條件，承租人把貨物交到船邊船舶的吊鈎下，船方負責將貨物裝進船艙內並整理好，卸貨時，船方負責把貨物從船艙內卸到船邊，由承租人或收貨人提貨。所以，責任和費用的劃分以船邊為界，由船艙所有人負責雇傭裝卸工人，並負擔貨物的裝卸費用。

(二) 船方不負責裝卸和費用 (Free In and Out , FIO)

在此種情況下，在裝卸兩港都由承租人負責雇傭裝卸工人並負擔裝卸費用。如果平艙費和理艙費也由承租人負責，在合同中應註明「FIOST」。

(三) 船方管卸不管裝 (Free In , FI)

這是指在裝貨港由承租人負擔裝貨費用，在卸貨港由船舶出租人負擔卸貨費用。

(四) 船方管裝不管卸 (Free Out , FO)

這是指在裝貨港由船舶出租人負擔裝貨費，在卸貨港由承租人負擔卸貨費。

四、許可裝卸時間

裝卸時間是指船舶裝貨和卸貨的期限。由於裝卸時間的長短直接影響到船舶的使用週期，對船東來說，在由貨方承擔裝卸責任時，裝卸時間無法控制，為保證船期，通常應規定在多少時間內貨方應完成裝卸作業。裝卸時間的規定方法有若干種，但使用最多的是連續 24 小時晴天工作日計算法，即在晝夜作業的港口，須連續工作 24 小時才算一天，如中間有幾個小時壞天氣不能作業，則應予扣除。此外，星期日和節假日也應除外，關於利用星期日和節假日作業是否計入裝卸時間在合同中應訂明：「星期日和節假除外」、「不用不算，用了要算」，或「不用不算」，即「使用了也不算」，以及裝貨和卸貨時間是分別計算還是合併計算都需明確規定。

五、滯期費和速遣費

(一) 滯期費和速遣費的含義

滯期費是指當承租人不能在合同約定的許可裝運時間內將貨物全部裝完或卸完，承租人必須按照合同規定向船東支付的罰款。如果承租人在約定的裝卸貨時間之前提前完成裝卸作業，船東給承租人的獎勵叫速遣費。一般滯期費訂為每天若干金額，不足一天按比例計算。速遣費是滯期費的一半，但有時也相同。

在租船合同中，如無相反規定還應遵循「一旦滯期，永遠滯期」的原則，也就是只要發生滯期，原本可以扣除的星期天、節假日和壞天氣等均不能扣除。

在實際工作中，滯期時間與速遣時間是通過實際使用的裝卸時間與合同允許使用的裝卸時間相比較而計算出來的。如果實際使用的裝卸時間減去可用的裝卸時間計算出來的是正值，則是滯期時間；如果是負值，則為速遣時間。

(二) 滯期費、速遣費

計算實例：

某公司出口貨物 20,000 公噸，租用一艘程租船裝運，租船合同中有關的裝運條款如下：

(1) 每個晴天工作日(24 小時)裝貨定額為 2,000 公噸,星期日和節假日如使用按 1/2 計算。

(2) 星期日和節假日前一天 18 小時以後至星期日和節假日後一日的 8 時以前為假日時間。

(3) 滯期費和速遣費每天(24 小時)均為 USD 2,000.00。

(4) 凡上午接受船長遞交的《裝卸準備就緒通知書》(Notice of Readiness),裝卸時間從當日 14 時起算,凡下午接受通知書,裝卸時間從次日 8 時起算。

(5) 如有速遣費發生,按節省全部工作時間(All Working Time Saved)計算。

表 4－1　　　　　　　　　　裝貨記錄

時間	星期	說明	備註
4.27	三	上午 8 時接受船長遞交通知書	
4.28	四	0 時——24 時	下雨停工 2 小時
4.29	五	0 時——24 時	
4.30	六	0 時——24 時	18 小時後下雨 2 小時
5.1	日	0 時——24 時	節假日
5.2	一	0 時——24 時	節假日
5.3	二	0 時——24 時	節假日
5.4	三	0 時——24 時	8 時以前下雨停工 4 小時
5.5	四	0 時——14 時	

解:根據以上條件計算滯期費或速遣費,可以分為以下幾步:

(1) 計算實際使用時間:

4 月 27 日(星期三)　　10 小時(當日 14 至 24 時)

4 月 28 日(星期四)　　24 − 2 = 22 小時

4 月 29 日(星期五)　　24 小時

4 月 30 日(星期六)　　18 + (6 − 2) × 1/2 = 20 小時

5 月 1 日(星期日)　　24 × 1/2 = 12 小時

5 月 2 日(星期一)　　24 × 1/2 = 12 小時

5 月 3 日(星期二)　　24 × 1/2 = 12 小時

5 月 4 日(星期三)　　(24 − 8) + (8 − 4) × 1/2 = 18 小時

5 月 5 日(星期四)　　14 小時

合計:10 + 22 + 24 + 20 + 12 + 12 + 12 + 18 + 14 = 144

　　　144 ÷ 24 = 6(天)

(2) 計算允許裝卸時間:20,000 ÷ 2,000 = 10(天)

(3) 計算非工作時間:4 月 30 日的非工作時間為:(6 − 2) × 1/2 = 2 小時

5 月 1 日 12 小時　5 月 2 日 12 小時　5 月 3 日 12 小時

5 月 4 日(8 − 4)/2 = 2 小時

合計:2 + 12 + 12 + 12 + 2 = 40 小時

40 小時÷24 小時≈1.67 天

(4)計算速遣費:2,000×(10-6-1.67)= USD 4,660

第三節　航次租船合同(金康格式)

　　航次租船合同有各種不同的範本,但是比較有影響的是統一雜貨租船合同,簡稱金康。此租船合同範本是一個不分貨物種類和航線,適應範圍比較廣泛的航次租船合同的標準格式。

一、航次租船合同樣本(金康格式)

表4-2　　　　　　　　　航次租船合同——金康格式(英文)

第一部分

1. Shipbroker	CODE NAME:「GENCON」
	2. Place and Date
3. Owner/Place of Business(cl. 1)	4. Charterers/Place of Business(cl. 1)
5. Vessel's Name(cl. 1)	6. GRT/NRT(cl. 1)
7. Deadweight Cargo Carrying Capacity in tons(abt)(cl. 1)	8. Present Position(cl. 1)
9. Expected Ready to Load(cl. 1)	
10. Loading Port or Place(cl. 1)	11. Discharging Port or Place(cl. 1)
12. Cargo(also state quantity and margin in owners' option if agreed; if full and complete cargo not agreed state「part cargo」)(cl. 1)	
13. Freight Rate (also state if payable on delivered or in taken quantity)(cl. 1)	14. Freight Payment(state currency and method of payment, also beneficiary and bank account)(cl. 4)
15. Loading and Discharging Costs (state alternative (a)or (b)of(cl. 5), also indicate if vessel is gearless)	16. Laytime(if separate laytime for load and disch is agreed fill in (a)and (b), if total laytime for load and disch, fill in (c) only)(cl. 6)
17. Shippers(cl. 6)	a)Laytime for Loading b)Laytime for Discharging c)Total Laytime for Loading and Discharging
18. Demurrage Rate(loading and discharging)(cl. 7)	19. Cancelling Date(cl. 10)
20. Brokerage Commission and to Whom Payable(cl. 14)	

表 4-2(續)

21. Additional clauses covering special provisions, if agreed.

It is mutually agreed that this contract shall be performed subject to the conditions contained in this charter which shall include Part I as well as Part II. In the event of a conflict of conditions, the provisions of a conflict of conditions, the provisions of part I shall prevail over those of part II to the extent of such conflict.

Signature (Owners)	Signature (Charterers)

表 4-3　　　　　　　　　　航次租船合同金康格式(中文)

第一部分

1. 船舶經紀人	代號:金康
	2. 地點和日期
3. 船舶所有人/營業所在地	4. 承運人/營業所在地(第一條)
5. 船名(第一條)	6. 總登記噸/淨登記噸(第一條)
7. 貨物載重噸數(大約)(第一條)	8. 現在動態(第一條)
9. 預計作好裝貨準備的日期(大約)(第一條)	
10. 裝貨港或地點(第一條)	11. 卸貨港或地點(第一條)
12. 貨物(同時載明數量和約定的船舶所有人可選擇的範圍,如未約定滿艙滿載貨物,載明「部分貨物」)(第一條)	
13. 運費率(同時載明是按貨物交付數量還是船數量支付)(第一條)	14. 運費支付(載明貨幣名稱與支付方式以及受益人和銀行帳號)(第四條)
15. 裝卸費用(載明選擇第五條中(a)或(b),同時指明是否無裝卸設備)	16. 裝卸時間(如約定裝貨和卸貨各自的時間,填入(a)和(b),如按裝貨和卸貨的合計時間填入(c)) (a)裝卸時間 (b)卸貨時間 (c)裝貨和卸貨合計時間
17. 托運人(載明名稱與地址)(第六條)	
18. 滯期費率(裝貨和卸貨)(第七條)	19. 解約日(第十條)
20. 經紀人佣金及向何人支付(第十四條)	
21. 有關約定的特別規定的附加條款	

　　茲相互同意應按本合同第一部分和第二部分中所訂條件履行合同。當條件發生抵觸時,第一部分中的規定優先於第二部分,但以所抵觸的範圍為準。

簽字(船舶所有人)	簽字(承租人)

二、填製實例

(一) 製單資料

四川上洋進出口貿易公司(SHANGYANG TRADING IMPORT AND EXPORT CORPORATION)以 CIF Landed 價格條件向日本海河公司出口 80,000 公噸飼料蠶豆(Feeding Broadbean),裝運港天津(TIANJIN),目的港大阪(OSAKA),裝運期 2005 年 6 月。合同規定貨物數量可增減 5%,由船長宣載,賣方每天負責裝或卸貨 4,000 公噸,按連續 24 小時晴天工作日計算,週日和節假日除外,除非已使用,但僅按實際使用時間計算(WEATHER WORKING DAY OF 24 CONSECUTIVE HOURS SUNDAY AND HOLIDAY EXCEPTED, UNLESS USED, BUT ONLY TIME ACTUALLY USED TO COUNT)。滯期費每天 4,000 美元,速遣費每天 2,000 美元,請代出口方在 2005 年 5 月 6 日與中國遠洋運輸總公司四川分公司(CHINA OCEAN SHIPPING (GROUP) CO SICHUAN BRANCH)簽航次租船「金康」合同。

四川上洋進出口貿易公司地址:68 SONGLIN ROAD CHENGDU CHINA
中國遠洋運輸總公司四川分公司地址:108 JANGHAN ROAD CHENGDU CHINA
船名:HAIOU
總登記噸/淨登記噸:20 萬 MT/15 萬 MT
現在動態:IN DALIAN
貨物裝載噸數:13 萬 MT
運費率:IO USD/MT AS CARGO QUANTITY OF LOAD
運費支付:100% FREIGHT PREPAID BY T/T TO OWNER'S ACCOUNT IN US DOLLAR
OWNER'S ACCOUNT NO:8748135268
裝卸時間:裝貨和卸貨合計時間
裝卸費用:FIO
解約日:30 JUNE 2005

(二) 航次租船合同(金康) 本

表 4-4　　　　　　　　　　　　航次租船合同(金康)

1. Shipbroker	CODE NAME:「GENCON」
	2. Place and Date CHENGDU　MAY 6, 2005
3. Owner/Place of Business(cl. 1) CHINA OCEAN SHIPPING (GROUP) CO SICHUAN BRANCH 108 JANGHAN ROAD CHENGDU CHINA	4. Charterers/Place of Business(cl. 1) SHANGYANG TRADING IMPORT AND EXPORT CORPORATION 68 SONGLIN ROAD CHENGDU CHINA
5. Vessel's Name(cl. 1) HAIOU	6. GRT/NRT(cl. 1) 0.2 MILLION MT/0.15 MILLION MT

7. Deadweight Cargo Carrying Capacity in tons(abt)(cl. 1) 0.13 MILLION MT	8. Present Position(cl. 1) IN DALIAN
9. Expected ready to load(cl. 1) JUNE 2005	
10. Loading Port or Place(cl. 1) SAFE: TIANJIN	11. Discharging Port or Place(cl. 1) SAFE: OSAKA
12. Cargo(also state quantity and margin in owners' option if agreed; if full and complete cargo not agreed state「part cargo」)(cl. 1) 80,000MT FEEDING BROADBEAN IN BAGS 5% MORE OR LESS AT OWNER'S OPTION	
13. Freight Rate (also state if payable on delivered or in taken quantity)(cl. 1) IO USD/MT AS CARGO QUANTITY OF LOAD	14. Freight Payment(state currency and method of payment, also beneficiary and bank account)(cl. 4) 100% FREIGHT PREPAID BY T/T TO OWNER'S ACCOUNT IN US DOLLAR OWNER'S ACCOUNT NO: 8748135268
15. Loading and Discharging Costs (state alternative (a)or(b) of(cl. 5), also indicate if vessel is gearless) FIO	16. Laytime(if separate laytime for load and disch is agreed fill in (a)and (b), if total laytime for load and disch, fill in (c) only)(cl. 6) a) Laytime for Loading c) Laytime for Discharging c) Total Laytime for Loading and Discharging 40 DAYS(WEATHER WORKING DAY OF 24 CONSECUTIVE HOURS SUNDAY AND HOLIDAY EXCEPTED, UNLESS USED, BUT ONLY TIME ACTUALLY)
17. Shippers(cl. 6) SHANGYANG TRADING IMPORT AND EXPORT CORPORATION 68 SONGLIN ROAD CHENGDU CHINA	
18. Demurrage Rate (loading and discharging)(cl. 7) DEMURRAGE RATE 4,000 USD/DAY DISPATCH RATE 2,000 USD/DAY	19. Cancelling Date(cl. 10) 30 JUNE 2005
20. Brokerage Commission and to Whom Payable(cl. 14)	
21. Additional clauses covering special provisions, if agreed.	

   It is mutually agreed that this contract shall be performed subject to the conditions contained in this charter which shall include Part I as well as Part II. In the event of a conflict of conditions, the provisions of a conflict of conditions, the provisions of Part I shall prevail over those of Part II to the extent of such conflict.

Signature(Owners)　　　　　　　　　Signature(Charterers)
CHINA OCEAN SHIPPING(GROUP)CO　　SHANGYANG TRADING IMPORT AND EXPORT
SICHUAN BRANCH　　黃英　　　　　CORPORATION　白麗

第四節　技能訓練

1. 在下列三種規定裝貨時間條款中,你認為哪種對租船人最有利(船方不負責裝貨,即 Free In)?請說明理由。

(1)晴天工作日連續 24 小時工作,裝貨標準為 1,000 公噸,星期日及節假日除外,如使用了也不計入。

(2)每一晴天工作日連續 24 小時工作,裝貨標準為 1,000 公噸,星期日及節假日除外,如使用了計半數。

(3)每一晴天工作日連續 24 小時工作,裝貨標準為 1,000 公噸,星期日及節假日除外,如使用了則計算。

2. 某公司租一單程船從美國運進小麥 24,800 公噸。租船合同規定:貨到卸貨港後每天卸貨 2,000 公噸,按連續 24 小時晴天工作日計算,星期六下午 6 點以後至下一個工作日 8 時前不計允許裝貨時間,遞交卸貨通知書後從次日上午 8 時開始,如通知書於下午 4 時以後送達則以次日下午 2 時開始計算卸貨時間。滯期費每天 5,000 美元,速遣費每天 2,500 美元。該船於 2004 年 1 月 13 日 10 時駛抵天津港,於 1 月 14 日上午 8 時開始卸貨,至 2 月 3 日晚 8 時全部卸完。

具體卸載時間見下表:

卸貨記錄

日期	星期	說明	備註
1/13	一	上午 10 點接受船長遞交的通知書	
1/14	二	8 時——24 時	從上午 8 點開始
1/15	三	0 時——24 時	
1/16	四	0 時——24 時	
1/17	五	0 時——24 時	下雨 2.3 小時
1/18	六	0 時——24 時	非工作時間 6 小時
1/19	日		星期日
1/20	一	0 時——24 時	非工作時間 8 小時
1/21	二	0 時——24 時	
1/22	三	0 時——24 時	
1/23	四	0 時——24 時	
1/24	五	0 時——24 時	
1/25	六	0 時——24 時	非工作時間 6 小時
1/26	日		星期日
1/27	一	0 時——24 時	非工作時間 8 小時

1/28	二	0 時——24 時	
1/29	三	0 時——24 時	裝卸時間本夜 12 點到期
1/30	四	0 時——24 時	
1/31	五	0 時——24 時	
2/1	六	0 時——24 時	非工作時間 6 小時
2/2	日		星期日
2/3	一	0 時——24 時	至晚上 8 點裝卸完畢

請計算租船人使用時間、允許裝卸時間、滯期費。

3. 以上題為例，如果我們在合同中進一步規定：「星期日、節假日和非工作日即使用了也不算。」問可提前幾天？能取得多少速遣費？

4. 四川怡民貿易公司以 FOB TRIMMED 價格條件從美國亞成貿易公司進口 30,000 公噸小麥，裝運港西雅圖，目的港上海，裝運期 7 月份。合同規定貨物數量可增減 3%，由船長宣載，買方每天負責裝貨 3,000 公噸，按連續 24 小時晴天工作日計算（WEATHER WORKING DAY OF 24 CONSECUTIVE HOURS SUNDAY AND HOLIDAY EXCEPTED, UNLESS USED, BUT ONLY TIME ACTUALLY USED TO COUNT）。滯期費每天 2,000 美元，速遣費每天 1,000 美元，請代進口方與中國遠洋運輸總公司（CHINA OCEAN SHIPPING (GROUP) CO SICHUAN BRANCH）簽航次租船「金康」合同。

製單資料：
四川怡民貿易公司地址：NO. 6 LONGJIANG ROAD CHENGDU CHINA
中國遠洋運輸總公司四川分公司地址：108 JANGHAN ROAD CHENGDU CHINA
船名：JIANGHAI
總登記噸/淨登記噸：180,000 MT/160,000MT
現在動態：IN DALIAN
貨物裝載噸數：140,000MT
運費率：15 USD/MT AS CARGO QUANTITY OF LOAD
運費支付：100% FREIGHT PREPAID BY T/T TO OWNER'S ACCOUNT IN US DOLLAR
OWNER'S ACCOUNT NO：56987532
裝卸費用：FIT
解約日：31 JULY 2005

第五章
海上貨運事故的處理

提示：

通過本章的學習，學生能運用有關的國際海運法規和慣例分析和處理海上貨運事故。

國際海上貨物運輸的時間、空間跨度比較大，涉及的部門、作業環節眾多，使用的文件、單證繁雜，運輸過程中的環境條件複雜多變。因此，在國際海上貨物運輸過程中，就可能出現貨物的滅失或損壞，即發生貨損、貨差事故。所以對國際貨運貨代糾紛案例的分析，對於正確處理海上貨損事故是非常重要的。處理海上貨運事故應分清是誰的責任，適用什麼法律或國際慣例。在進行貨運事故的處理時應堅持實事求是、有根有據、合情合理、注重實效的原則。索賠人應在規定的時間內發出索賠通知，提交索賠清單和索賠單證向責任方提出索賠。

第一節　海上貨運事故的確定

一般而言，海上貨運貨損事故雖有可能發生於各個環節但很大程度上是在最終目的地收貨人收貨時或收貨後才被發現。

當收貨人提貨時，如發現所提取的貨物數量不足、外表狀況或貨物的品質與提單上記載的情況不符，則應根據提單條款的規定，將貨物短缺或損壞的事實以書面的形式通知承運人或承運人在卸貨港的代理，以此表明提出索賠的要求。如果貨物的短缺或殘損不明顯，也必須在提取貨物後規定的時間內，向承運人或其代理發出索賠通知。

在海上貨運貨損事故索賠或理賠中，提單、收貨單、過駁清單、卸貨報告、貨物溢短單、貨物殘損單、裝箱單、積載圖等貨運單證均可作為貨損事故處理和明確責任方的依據，對海上承運人來說，為保護自己的利益和劃清責任，應該妥善管理這些單證。

通常，貨運單證的批註是區分或確定貨運事故責任方的原始依據。特別是在裝貨或卸貨時，單證上的批註除確定承運人對貨物負責的程度外，有時還會影響到貨主的利益，如能否持提單結匯、能否提出索賠等。

海上風險多變是造成貨運事故的主要原因之一。凡船舶在海上遭遇惡劣氣候的情況下,為確定貨損原因和程度,應核實航海日誌、船方的海事聲明或海事報告等有關資料和單證。

貨運事故發生後,收貨人與承運人之間未能通過協商對事故的性質和程度取得一至意見時,應在一致同意的基礎上,指定檢驗人對所有應檢驗的項目進行檢驗,檢驗人積極性的檢驗報告是確定貨損責任的依據。

第二節　海上貨運事故的索賠

一、索賠的含義

索賠是指貨主對因貨運事故造成的損失向承運人或船東或其代理提出賠償要求的行為。根據法律規定或習慣做法,貨主應按照一定的程序提出索賠,並提出能證明事故的原因、責任和損失的單證。

二、索賠的一般程序

(一)發出索賠通知

海上貨運公約,如《海牙規則》、《海牙—維斯比規則》、《漢堡規則》以及各承運人的提單條款,一般都規定貨損事故發生後,根據運輸合同或提單有權提貨的人,應在承運人或承運人的代理、雇傭人交付貨物當時或規定時間內,向承運人或其代理提出書面通知,聲明保留索賠權利,否則承運人可免責。

無論根據《海牙規則》還是航運習慣,一般都把交付貨物是否提出貨損書面通知視為按提單記載事項將貨物交付給收貨人的初步證據。也就是說,即使收貨人在接受貨物時未提出貨損書面通知,以後在許可的期限內仍可將貨運單證的批註或檢驗人的檢驗證書,作為證據提出索賠。同樣,即使收貨人在收貨時提出了書面通知,在提出具體索賠時,也必須出具原始憑證,證明其所收到的貨物不是清潔提單上所記載的外表良好的貨物。因而,索賠方在提出書面索賠通知後,應盡快地備妥各種有關證明文件,在期限內向責任人或其代理正式提出索賠要求。

(二)提交索賠申請書或索賠清單

索賠方一旦正式向承運人遞交索賠申請書或索賠清單,就意味著索賠方正式提出了索賠要求。因此,如果索賠方僅僅提出貨損通知而沒有遞交索賠申請書或索賠清單,或出具有關的貨運單證,則可解釋為沒有提出正式索賠要求,承運人不會進行理賠。貨物發生滅失或損壞,通常由收貨人向承運人或其代理提出索賠。但是在貨物辦理運輸保險的情況下,當收貨人根據貨物保險條款從承保貨物的保險人那裡得到了賠償後,保險人可代位(指代替收貨人)向承運人或其代理進行追償。

(三)出具索賠單證

作為舉證的手段,索賠方出具的索賠單證不僅可以證明貨損的原因、種類、程度,還可以確定最終責任方。海運貨損索賠中提供的主要單證如下:

(1)索賠申請書或索賠清單。

（2）提單正本提單既是貨物收據、交貨憑證，又是確定承運人與收貨人之間責任的最終證明，是收貨人提出索賠依據的主要單證。

（3）過駁清單或卸貨報告、貨物殘損單和貨物溢短單這些單證是證明貨損或貨差發生在船舶運輸過程中的重要單證。

（4）重理單承運人對所卸貨物件數有疑問時，一般要求復查或重新理貨，並在證明貨物溢短的單證上做出「復查」或「重理」的批註。在這種情況下，索賠時必須同時提供復查結果的證明文件或理貨人簽發的重理單，並以此為依據證明貨物是否短缺。

（5）貨物殘損檢驗報告在貨物受損的原因不明顯或不易區別，或無法判定貨物的受損程度時，可以申請具有公證資格的檢驗人對貨物進行檢驗。在這種情況下，索賠時必須提供檢驗人檢驗後出具的《貨物殘損檢驗證書》。

提出索賠時使用的其他單證還有貨物發票、修理單、裝箱單以及權益轉讓證書等。

(四) 權益轉讓

權益轉讓就是收貨人根據貨物保險合同從保險公司得到賠償後，將自己的索賠權利轉讓給保險公司，由保險公司出面向事故責任人或其代理提出索賠的行為。其證明文件就是《權益轉讓證書》。它表明收貨人已將索賠權益轉讓給保險公司，保險公司根據《權益轉讓證書》取得向事故責任人提出索賠的索賠權和以收貨人名義向法院提出索賠訴訟的權利。

在權益轉讓的情況下，通常由收貨人將《權益轉讓證書》正本交給保險公司，同時，還將其副本交給事故責任人或其代理備查。

(五) 索賠權利的保全措施

為保證索賠得以實現，需要通過一定的法律程序來採取措施，使得貨損事故責任人對仲裁機構的裁決或法院判決的執行履行責任，這種措施就稱為索賠權利的保全措施。該措施主要有以下兩種：

（1）提供擔保是指使貨損事故責任人對執行仲裁機構的裁決或法院的判決提供擔保。主要有現金擔保和保函擔保兩種形式。現金擔保在一定期間內影響著責任人的資金使用，因此較少採用。在實際業務中通常採用保函擔保的形式，該保函可由銀行出具，也可由事故責任人的保賠協會等出具。

（2）扣船是在貨損事故的責任比較明確地判定屬於承運人，又不能得到可靠的擔保時，索賠人或對貨物保險的保險公司，可以按照法律程序，向法院提出扣船請求，並由法院核准執行扣船。但採取扣船措施時，必須慎重，以防因扣船措施不當而產生不良的影響及不必要的糾紛和經濟損失。

第三節　海上貨運事故的理賠

一、索賠的受理與審核

承運人或其代理受理索賠案件後，即須對這一索賠進行審核。審核是處理貨損事故時的重要工作。在從事理賠工作時主要審核以下幾個方面：

(一) 對索賠單證完備性的審核

對索賠單證完備性的審核在本節中已列舉了索賠時應提供的單證。由於索賠案的具體情況不同,所以需要提供的單證也不盡相同。如果上述單證不足以表明事故的原因和責任,承運人或其代理還可以要求收貨人或其代理進一步提供其他單證或公證機構出具的證明文件,即索賠單證必須齊全、準確。

(二) 對索賠單證內容的審核

索賠單證內容的審核應注意以下方面:索賠的提出是否在規定的期限內,如果期限已過,提單人是否要求延期;提出索賠所出具的單證是否齊全;單證之間有關內容如船名、航次、提單號、貨號、品種、檢驗日期等是否相符;貨損是否發生在承運人的責任期限內;船方有無海事聲明或海事報告;船方是否已在有關單證上簽字確認;裝卸港的理貨數量是否準確。

二、承運人舉證的單證

承運人對所發生的貨損或滅失欲解除責任或意圖證明自己並無過失行為,則應出具有關單證,證明對所發生的貨損或滅失不承擔或少承擔責任。除前述的收貨單、理貨計數單、貨物溢短單、貨物殘損單、過駁清單等貨運單證外,承運人還應提供積載檢驗報告、艙口檢驗報告、海事聲明或海事報告、卸貨事故報告等。

三、索賠金的支付

通過舉證與反舉證,雖然已明確了責任,但在賠償上未取得一致意見時,則應根據法院判決或決議支付索賠金。關於確定損失金額的標準,《海牙規則》並沒有做出規定,但在實際業務中大多將貨物的 CIF 價作為確定賠償金額的標準。

第四節　關於國際海上貨物運輸合同的國際公約

關於國際海上貨物運輸合同的國際公約有《海牙規則》、《海牙—維斯比規則》和《漢堡規則》,中國有《海商法》。這些公約和法律是國際海上貨運事故的主要處理依據。

一、《海牙規則》

《海牙規則》(Hague Rules)(全稱叫《關於統一提單若干法律規定的國際公約》)於1931年6月2日起生效。這是使用最廣泛的海上貨物公約。中國未加入海牙規則,但如同很多非締約國一樣,目前在提單運輸方面,中國也參照這一公約的規定,制定了中國的《海商法》。

二、《維斯比規則》

《維斯比規則》又稱為《關於修訂統一提單若干法律規定的國際公約的議定書》,該議定書不能單獨使用,而要和海牙規則同時使用。

三、《漢堡規則》

《漢堡規則》的正式名稱是《1978年聯合國海上貨物運輸公約》。此規則是一項完整的海上貨物運輸公約。它從根本性上修改了《海牙規則》，在船貨雙方走向均衡的承擔風險方面跨出了一大步。此公約已於1992年11月生效，但海運大國均未加入該公約，因此使用的國家很少。

四、三大國際公約的主要區別

(1)《海牙規則》和《維斯比規則》規定承運人的責任時間是從裝船到卸船，即鉤至鉤；《漢堡規則》擴大為直接受貨物時起到交付貨物時為止，包括從港區到港區、堆場到堆場、貨運站到貨運站。

(2)《海牙規則》規定了活動物和甲板貨不屬於貨物範圍，承運人不負責任。而《漢堡規則》將活動物和甲板貨列入貨物範圍。這些貨物如損壞或滅失，承運人應負責任。

(3)《海牙規則》規定收貨人對貨物不明顯損壞應在連續三天內提出書面索賠通知，《漢堡規則》延長為15天。

(4)《海牙規則》規定承運人有17項免責條款，《漢堡規則》取消了這些免責條款，保護了貨方的利益。

(5)《海牙規則》規定承運人對每件或每單位貨物的滅失或損壞賠償金額不超過100英鎊或相當於100英鎊的其他貨幣。《維斯比規則》規定把每單位賠償金額改為不超過10,000金法郎或每公斤30金法郎，兩者中以較高的數額為準。《漢堡規則》規定為835特別提款權(SDRS)或每公斤2.5 SDRS，兩者中以較高的數額為準。

(6)《海牙規則》對延遲交貨未作規定。《漢堡規則》規定了承運人若延遲交貨要負3項責任：①行市損失；②利息損失；③停工停產損失。

(7)《海牙規則》只適用於締約國所簽發的提單；《漢堡規則》規定凡裝卸在締約國的提單均適用。

(8)《海牙規則》規定訴訟時效1年。《維斯比規則》雖也規定為1年，但船、貨雙方協議可以延長。在1年期滿後，如果在受理該案的法院允許的期限內，承運人至少仍有3個月的期限向第三者提出賠償訴訟。《漢堡規則》將訴訟時效延長為兩年。

第五節　案例分析

一、倒簽提單索賠案

(1)有一份CIF合同，買賣一批化工原料，合同規定「6月份裝船」，賣方向銀行提交的單據中，包括6月30日裝船的提單。經銀行審核，單據在表面與信用證內容相符，銀行接受單據並支付了貨款。但買方收到單據後，發現貨物是在7月10日裝完船，提單的日期是倒簽的。因此，買方拒絕收貨，並要求賣方退回貨款，試問在以上情況下，買方有無拒收貨物並要求退回貨款的權利？為什麼？

(2)分析：按本案情況，貨物是在7月10日裝完船，賣方提交的提單的簽單日是6月

30日,裝運日期是倒簽的,屬倒簽提單,買方雖已付款,但仍有拒收貨物和要求賣方退回貨款的權利。

因為:

倒簽提單日期,是偽造單據的違法行為。買方一旦有證據證明提單的裝船日期是偽造的,就有權拒絕接受單據和拒絕收貨,並有權要求賣方退回他已支付的貨款。倒簽提單屬於托運人和船公司合謀欺騙收貨人的詐欺行為。受害方不僅可以追究賣方的責任,而且可以追究船公司的責任。在本案的情況下,買方有權拒收貨物和要求賣方退回已支付的貨款。

二、無單放貨案一

(1) A貨代公司代理四川D貿易公司從美國進口一批機床,當貨到達四川成都後,A貨代公司向D公司發出到貨通知,要求D公司提貨。D公司因不能出示正本提單,就向A貨代公司出具了一份「提貨擔保書」。擔保書在保證單位欄記載:「上述貨物是本公司進口貨物。如因本公司未憑正本提單先行提貨,致使貴公司遭受任何損失,本公司負責賠償。本公司收到正本提單後立即交還貴公司換回此保證書。」在「提貨擔保書」上有D貿易公司蓋章和D貿易公司負責人的簽字。A貨代公司接受了D公司的擔保書,給D公司簽發了提貨單,D公司憑提貨單提取了貨物後,稱貨物質量不符未到銀行付款贖單,提單被退回到美國出口商B公司(托運人)。B公司持正本提單向美國法院以無單放貨為由,對A貨代公司提出起訴,要求A貨代公司賠償貨款損失。你認為A貨代公司是否應該賠償此貨款?為什麼?

(2)分析:A貨代公司應賠償B公司的貨款。這是因為:收款人提貨時必須以正本提單為憑,而承運人交付貨物時必須收回正本提單,並在提單上做作廢的批註。這是公認的國際慣例,也是國際公約和各國法律的規定。如收貨人用擔保書交換提單提貨,承運人違反了運輸合同的義務,承運人對正當提單持有人仍負有賠償一切損失責任的風險。如承運人無單放貨,他就必須為此而承擔賠償責任。所以在本案例下,B公司(托運人)有權要求A貨代公司賠償貨款,A貨代公司應賠償此貨款。

三、無單放貨案二

(1)國內A貿易公司出口貨物,並通過B貨代公司向C班輪公司訂艙出運貨物。貨裝船後,C公司向A公司簽發一式三份記名提單。貨到目的港口,記名提單上的收貨人未取得正本提單的情況下,從C公司手中提走貨物。A公司以承運人無單放貨為由,在國內起訴C公司(提單上註明適用美國法律。在美國,承運人向記名提單的記名收貨人交付貨物時,不負有要求記名收貨人出示或提交記名提單的義務)。分析並回答:

①本案適用哪國法律?為什麼?

②承運人是否承擔無單放貨責任?(根據中國海商法和美國法律分別闡述理由)

(2)分析:

①本案適用於美國法律,因為中國海商法規定,合同當事人可以選擇適用的法律。B/L註明適用美國法律,所以應適用美國法律。

②根據美國法律,承運人無須承擔無單放貨責任,在美國,承運人向記名提單的記名收款人交付貨物時,不負有要求記名收貨人出示或提交記名提單的義務。

根據中國海商法,承運人應承擔無單放貨責任,因為中國海商法規定,提單是承運人保證據以交付貨物的單證,不論是記名提單還是非記名提單,承運人均有義務憑正本提單交付貨物。

四、貨物短少索賠案

(1)某貨主委託承運人的貨運站裝載 1,000 箱小五金,貨運站收到 1,000 箱貨物後,出具倉庫收據給貨主。在裝箱時,裝箱單上記載 980 箱,由於提單上記載 1,000 箱,同時提單上又加註「由貨主裝箱計數」。收貨人向承運人提出索賠,但承運人拒賠,根據題意分析回答下列問題:

①提單上類似「由貨主裝載,計數」的批註是否適用拼箱貨?為什麼?
②承運人是否要賠償收貨人的損失?為什麼?
③承運人如果承擔賠償責任,應當賠償多少箱?

(2)分析:

①不適用,因為是承運人的貨運站代表承運人收貨並裝箱的,除非貨運站代表貨主裝箱計數。
②是。提單在承運人與收貨人之間是絕對證據,收貨人有權以承運人未按提單記載的數量交貨而提出賠償要求。
③20 箱。

第六節　技能訓練

要求:分組討論案例,並寫出結果和原因。

1.【持正本提單為何也敗訴】2001 年 9 月 8 日,某進出口公司(原告)與國外 S 公司簽訂銷售合同,約定向 S 公司提供一批價值為 7,564 美元的針織裙,支付方式為 T/T。進出口公司將貨物交與集裝箱儲運公司(被告),由上海運至墨爾本。10 月 16 日,被告簽發了提單,載明托運人為進出口公司,收貨人「憑指示」。提單同時註明正本份數為 3 份。11 月 5 日,貨物在目的港清關,拆箱。12 月 14 日,原告通過代理向被告的代理詢問涉案貨物下落,被告知貨物已被 S 公司提走。由於 S 公司始終沒有支付貨款,原告以無單放貨為由,訴訟被告賠償貨物損失 7 564 美元及相關退稅損失,但原告僅向法院提供了一份正本提單。請問,法院對原告的訴訟請求是否支持?為什麼?

2.【美國公司訴中國貿易公司和運輸公司案】2003 年 7 月,中國豐和貿易公司和美國威克特貿易有限公司簽訂了一項出口貨物合同,雙方約定委託中國五湖海上運輸公司運送貨物到目的港美國紐約。但是由於豐和貿易公司沒有很好地組織貨源,直到 2004 年 2 月才將貨物全部備妥,於 2004 年 2 月 15 日裝船。中國豐和貿易公司為了能夠如期結匯取得貨款,要求五湖海上運輸公司按 2003 年 11 月的日期簽發提單,並憑藉提單其他單據向銀行辦理了議付手續,收清了全部貨款。但是,當貨物運抵紐約港時,美國收貨人威克特貿易有限公司對裝船日期發生了懷疑,威克特公司遂要求查閱航海日誌,運輸公司的船方被迫交出航海日誌。威克特公司在審查了航海日誌後,發現該批貨物真正裝船的日期是 2004 年 2 月 15 日,比合同約定的裝船日期延遲了 3 個月,於是威克特公司向

當地法院起訴，控告中國豐和貿易公司和五湖海上運輸公司合謀偽造提單，進行詐欺，既違背了雙方的合同約定，也違反法律規定，要求法院扣留五湖運輸公司的運貨船只。法院對原告的訴訟請求是否支持？為什麼？什麼是倒簽提單？五湖公司(承運人)簽發倒簽提單要承擔哪些風險？

3.【滯期費糾紛案】某進口商進口一批紙漿，由一租船人與船東簽訂航次租船合同承運，並以租船人為承運人簽發了以進口商為收貨人的提單。租船合同所簽發的提單在滯期費方面的規定不同，前者規定了候泊時間作為裝卸時間，後者則無此規定。船舶到卸貨港後，候泊近一個月，靠泊卸貨後又因接收貨物的設備不足將船舶移泊錨地候卸一個月。船東是以租船合同為依據還是以提單為依據向租船人索取滯期費？為什麼？

4.【廣州遠洋公司撤消租船合同仲裁案】

申請人：廣州遠洋運輸公司

被申請人：美國 MARSHIPS OF CONNECTICVT 公司

申請人分別於 1998 年 10 月 25 日、11 月 7 日和 11 月 19 日根據與被申請人定立的租船合同，將其所有的「馬關海」號、「康蘇海」號、「華銅海」號輪定期租給被申請人，但由於被申請人沒有按期支付租金，申請人於 1999 年 6 月撤消了租船合同。根據租船合同的仲裁條款，申請人於同年 7 月在英國倫敦提交仲裁。申請人指定倫敦仲裁員 Bruce、Harris 先生，被申請人指定倫敦仲裁員 John、Hesman 先生組成臨時仲裁庭。臨時仲裁庭分別於 1999 年 8 月 7 日、8 月 15 日、8 月 25 日做出了關於前述三輪船合同爭議案的三份仲裁裁決，裁決被申請人應償付申請人租金共 1,985,975.21 美元及利息和申請人因仲裁支付的費用。仲裁裁決生效後，被申請人支付了部分租金，自 2000 年 2 月起又停付租金，尚欠申請人 1,232,112 美元及利率為 9% 的利息。問申請人撤船行為是否符合國際慣例？申請人是否有權要求賠償尚未支付的款項？

5.【保函取得清潔提單案】某遠洋運輸公司在承運 8,000 噸白糖時，發現有 10% 的髒包，大副在收貨單上作了相關批註。因貨物容易變質，L/C 又即將過期，托運人急於獲清潔提單結匯，遂出具「保函」，申明「如收貨人有異議，其一切後果均由發貨人承擔，船方概不負責」。但貨抵目的港時，收貨人以貨物髒包為由扣船索賠，遠洋公司被迫賠償收貨人 100,000 多美元。賠償之後，該遠洋公司憑保函要托運人賠償簽發清潔提單而遭受的損失，托運人是否應賠償該遠洋公司的損失？

6.【貨裝甲板案】中國某船公司為國內一企業承運進口化學物品，承運將其裝於甲板但並未在提單上註明貨裝甲板。因航行中天氣惡劣，有部分貨物落入海中。當收貨人向承運人索賠時，承運人稱該貨物屬於甲板貨不屬於承運人的責任範圍，拒絕賠償，試分析承運人是否應該賠償收貨人的損失？為什麼？

7.【交貨日是哪天】有一批以 CIF 價出口到新加坡的貨物，於 1998 年 3 月 28 日被運至黃埔碼頭，3 月 30 日開始裝船。當晚遇天下暴雨，不得不歇工，直至次日晚 11 時方將貨物全部裝完。4 月 3 日輪船開航，4 月 14 日抵達新加坡，國外客戶於 4 月 15 日提貨，問根據提單，我方交貨日為哪一天？

8. 租船人與船東在程租船合同中約定受載期為 2000 年 11 月 10 日至 20 日，由船東派船往 A 港裝運合同約定的貨物。在船舶駛往 A 港途中，於同年 11 月 15 日觸礁，船體損壞嚴重，於是船東於 11 月 16 日告知租船人無法在 20 日以前趕到 A 港。由於買方不同意延長合同交貨期，租船人於 11 月 19 日 17:00 下班前告知船東解除合同。正值當時

運費上漲,事後租船人以兩個合同運費差價向船東索賠,而船東以租船人違約請求賠償。請問:哪一個賠償請求合理?為什麼?

9. 某貨代接受貨主委託,安排茶葉海運出口。貨代在提取了船公司提供的集裝箱裝箱後,將整箱貨交給船公司。同時,貨主自行辦理了貨物運輸保險。收貨人在目的港拆箱提貨時,發現集裝箱內異味濃重,茶葉受精奈污染。經查明,該集裝箱前一次所載貨物為精奈。問:

(1)收貨人可以向誰索賠?為什麼?

(2)最終應由誰對茶葉受污染事故承擔賠償責任?

10.【擅自轉船案】中國 A 貿易出口公司與外國 B 公司以 CFR 洛杉磯、信用證付款的條件達成出口貿易合同。合同和信用證均規定不準轉運。A 貿易出口公司在信用證有效期內委託 C 貨代公司將貨物裝上 D 班輪公司直駛目的港的班輪,並以直達提單辦理了議付,國外開證行也憑議付行的直達提單予以付款。在運輸途中,D 公司為接載其他貨物,擅自將 A 公司托運的貨物卸下,換裝其他船舶運往目的港。由於中途延誤,貨物抵達目的港的時間比正常直達船的抵達時間晚了 20 天,造成貨物變質損壞。為此,B 公司向 A 公司提出索賠,理由是 A 公司提交的是直達提單,而實際則是轉船運輸,是一種詐欺行為,應當給予賠償。A 公司為此諮詢 C 貨代公司。假如你是 C 貨代公司,請回答 A 公司是否應承擔賠償責任,理由何在?B 公司可否向船公司索賠?

11. 中國貨主 A 公司委託 B 貨運代理公司辦理一批服裝貨物海運出口,從青島港到日本神戶港。B 公司接受委託後,出具自己的 House B/L 給貨主。A 公司憑此到銀行結匯,提單轉讓給日本 D 貿易公司。B 公司又以自己的名義向 C 海運公司訂艙。貨物裝船後,C 公司簽發海運提單給 B 公司,B/L 上註明運費預付,收發貨人均為 B 公司。實際上 C 公司並沒有收到運費。貨物在運輸途中由於船員積載不當,造成服裝玷污受損。C 公司向 B 公司索取運費,遭拒絕,理由是運費應當由 A 公司支付,B 僅是 A 公司的代理人,且 A 公司並沒有支付運費給 B 公司。A 公司向 B 公司索賠貨物損失,遭拒絕,理由是其沒有訴訟權。D 公司向 B 公司索賠貨物損失,同樣遭到拒絕,理由是貨物的損失是由 C 公司過失造成的,理應由 C 公司承擔責任。根據題意,請回答:

(1)本案中 B 公司相對於 A 公司而言是何種身分?

(2)B 公司是否應負支付 C 公司運費的義務?理由何在?

(3)A 公司是否有權向 B 公司索賠貨物損失?理由何在?

(4)D 公司是否有權向 B 公司索賠貨物損失?理由何在?

(5)D 公司是否有權向 C 公司索賠貨物損失?理由何在?

第六章
國際航空貨運代理實務

提示：

通過本章的學習,學生能填製空運運輸單據,計算空運運費,能熟練地掌握國際空運貨代的各業務環節,提高國際空運代理業務的實際操作能力。

航空運輸具有較快的運輸速度,能提高商品在國際市場上的競爭能力。航空運輸除適用於小件貨物、鮮活易腐商品、季節性商品和貴重商品外,還大量用於新興工業和電子產品的運輸。作為國際貨代業務員,熟悉和掌握航空運輸業務是必不可少的。

第一節　國際航空貨運代理流程

一、國際航空運輸出口業務代理業務流程

(一)國際航空貨運代理出口業務流程圖(圖6-1)

(二)國際航空貨運出口代理業務程序

1. 市場行銷

為承攬貨物,航空貨運代理需及時向托運人介紹本公司的業務範圍、服務項目、各項收費標準,特別應向出口公司介紹優惠運價、公司的服務優勢等。

2. 接受運輸委託

航空貨運代理就出口貨物運輸事項達成意向後,向托運人提供所代理的航空公司的《國際貨物托運書》。托運人自己應親自填寫《國際貨物托運書》並附上有關單證,托運人必須在上面簽字或蓋章,保證托運書所填寫的內容準確無誤。航空貨運代理在接受託運人委託後,要對托運書的價格、航班日期等進行審查,審核無誤後必須在托運書上簽字並寫上日期以表示確認。

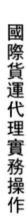

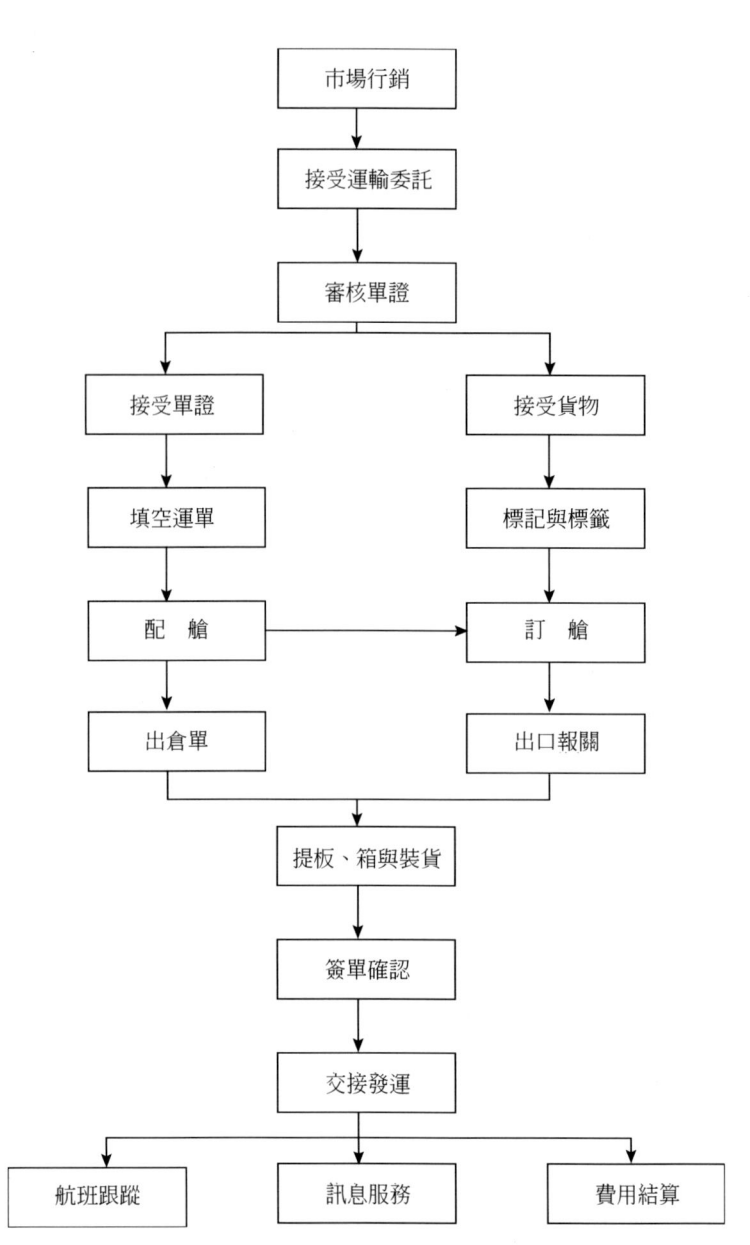

```
                    ┌──────────┐
                    │ 市場行銷 │
                    └────┬─────┘
                         │
                　┌──────────────┐
                　│ 接受運輸委託 │
                　└──────┬───────┘
                         │
                　　┌──────────┐
                　　│ 審核單證 │
                　　└────┬─────┘
              ┌──────────┴──────────┐
        ┌──────────┐           ┌──────────┐
        │ 接受單證 │           │ 接受貨物 │
        └────┬─────┘           └────┬─────┘
        ┌──────────┐           ┌──────────────┐
        │ 填空運單 │           │ 標記與標籤   │
        └────┬─────┘           └────┬─────────┘
        ┌──────────┐           ┌──────────┐
        │ 配　艙   │──────────▶│ 訂　艙   │
        └────┬─────┘           └────┬─────┘
        ┌──────────┐           ┌──────────┐
        │ 出倉單   │           │ 出口報關 │
        └──────────┘           └────┬─────┘
                             ┌──────────────┐
                             │ 提板、箱與裝貨│
                             └────┬─────────┘
                             ┌──────────┐
                             │ 簽單確認 │
                             └────┬─────┘
                             ┌──────────┐
                             │ 交接發運 │
                             └────┬─────┘
             ┌────────────────────┼────────────────────┐
       ┌──────────┐          ┌──────────┐         ┌──────────┐
       │ 航班跟蹤 │          │ 訊息服務 │         │ 費用結算 │
       └──────────┘          └──────────┘         └──────────┘
```

圖 6–1　國際航空貨運出口代理業務流程圖

(1)國際貨物托運書的格式

表 6–1　　　　　　　　　　　國際貨物托運書

托運人姓名及地址 SHIPPER'S NAME AND ADDRESS	托運人帳號 SHIPPER'S ACCOUNT NUMBER	供承運人用 FOR CARRIER USE ONLY	
:::	:::	航班/日期 FLIGHT/DAY	航班/日期 FLIGHT/DAY
:::	:::		
收貨人姓名及地址 CONSIGNEE'S NAME AND ADDRESS	收貨人帳號 CONSIGNEE'S ACCOUNT NUMBER	已預留艙位 BOOKED	
:::	:::	運費 CHARGES	
代理人的名稱和城市 ISSUING CARRIER'S AGENT NAME AND CITY		ALSO NOTIFY:	
始發站 AIRPORT OF DEPARTURE			
到達站 AIRPORT OF DESTINATION			
托運人聲明的價值 SHIPPER'S DECLARED VALUE		保險金額 AMOUNT OF INSURANCE	所附文件 DOCUMENTS TO ACCOMPANY AIR WAYBILL
供運輸用 FOR CARRIAGE	供海關用 FOR CUSTOMS		
處理情況(包括包裝方式、貨物標誌及號碼等) HANDLING INFORMATION (INCLU. METHOD OF PACKING, IDENTIFYING MARKS AND NUMBERS ETC.)				

件數 NO. OF PACKAGES	實際毛重千克(公斤) ACTUAL GROSS WEIGHT (KG)	運價類別 RATE CLASS	收費重量 CHARGEABLE WEIGHT	費率 RATE/CHARGE	貨物品名及數量(包括體積或尺寸) NATURE AND QUANTITY OF GOODS (INCL. DIMENSIONS OF VOLUME)

托運人簽字(SIGNATURE OF SHIPPER)	日期(DATE)

(2)國際貨物托運書的填製方法

　　托運書(Shippers Letter of Instruction)是托運人用於委託承運人或其代理人填開航空貨運單的一種單證，單證上列有填製貨運單所需各項內容，並印有授權於承運人或其代

理人代其在貨運單上簽字的文字說明。

托運書包括下列內容：

① 托運人(SHIPPER)

填托運人的全稱、街名、城市名稱、國名，以及便於聯繫的電話號、電傳號或傳真號。

② 收貨人(CONSIGNEE)

填收貨人的全稱、街名、城市名稱、國名(特別是在不同國家內有相同城市名稱時，必須填上國名)以及電話號、電傳號或傳真號，本欄內不得填寫「Order」或「to Order of the Shipper」(按托運人的指示)等字樣，因為航空貨運單不能轉讓。

③ 始發站機場(AIRPORT OF DEPARTURE)

填始發站機場的全稱。

④ 目的地機場(AIRPORT OF DESTINATION)

填目的地機場(不知道機場名稱時，可填城市名稱)，如果某一城市名稱用於一個以上國家時，應加上國名。例如：LONDON UK 倫敦，英國；LONDON KY US 倫敦，肯達基州，美國；LONDON TO CA 倫敦，安大略省，加拿大。

⑤ 要求的路線/申請訂艙(REQUESTED ROUTING/REQUESTING BOOKING)

本欄在航空公司安排運輸路線時使用，但如果托運人有特別要求，也可填入本欄。

⑥ 供運輸用的聲明價值(DECLARED VALUE FOR CARRIAGE)

填寫供運輸用的聲明價值金額，該價值即為承運人負賠償責任的限額。承運人按有關規定向托運人收取聲明價值費，但如果所交運的貨物毛重每公斤不超過20美元(或其等值貨幣)，無須填寫聲明價值金額，可在本欄內填入「NVD」(No Value Declared 未聲明價值)，如本欄空著未填寫，承運人或其代理人可視為貨物未聲明價值。

⑦ 供海關用的聲明價值(DECLARED VALUE FOR CUSTOMS)

國際貨物通常要受到目的站海關的檢查，海關根據此欄所填數額徵稅。

⑧ 保險金額(INSURANCE AMOUNT REQUESTED)

中國民航各空運企業暫未開展國際航空運輸代保險業務，本欄可空著不填。

⑨ 處理事項(HANDLING INFORMATION)

填附加的處理要求，例如：另請通知(ALSO NOTIFY)。除填收貨人之外，如托運人還希望在貨物到達的同時通知他人，請另填寫通知人的全名和地址。

⑩ 貨運單所附文件(DOCUMENT TO ACCOMPANY AIR WAYBILL)

填隨附在貨運單上往目的地的文件，應填上所附文件的名稱，例如：托運人的動物證明(SHIPPER'S CERTIFICATION FOR LIVE ANIMALS)。

⑪ 件數和包裝方式(MUMBER AND KIND OF PACKAGES)

填該批貨物的總件數，並註明其包裝方法。例如：包裹(Package)、紙板盒(Carton)、盒(Case)、板條箱(Crate)、袋(Bag)、卷(Roll)等，如貨物沒有包裝，就註明為散裝(Loose)。

⑫ 實際毛重(ACTUAL GROSS WEIGHT)

本欄內的重量應由承運人或其代理人在稱重後填入。如托運人已經填上重量，承運人或其代理人必須進行復核。

⑬ 運價類別(RATE CLASS)

本欄可空著不填，由承運人或其代理人填寫。

⑭計費重量(公斤)(CHARGEABLE WEIGHT)(KG)

本欄內的計費重量應由承運人或其代理人在量過貨物的尺寸(以厘米為單位)由承運人或其代理人算出計費重量後填入,如托運人已經填上,承運人或其代理人必須進行復核。

⑮費率(RATE/CHARGE)

本欄可空著不填。

⑯貨物的品名及數量(包括體積及尺寸)(NATURE AND QUANTITY OF GOODS (INCL. DIMENSIONS OR VOLUME))

填貨物的品名和數量(包括尺寸或體積),貨物中的每一項均須分開填寫,並盡量填寫詳細。如:「9筒35毫米的曝光動畫膠片」、「新聞短片(美國制)」等,本欄所填寫內容應與出口報關發票和進口許可證上所列明的相符。

危險品應填寫適用的準確名稱及標貼的級別。

⑰托運人簽字(SIGNATURE OF SHIPPER)

托運人必須在本欄內簽字。

⑱日期(DATE)

填托運人或其代理人交貨的日期。

(3)國際貨物托運書的填製範例

表6-2　　　　　　　　　　國際貨物托運書

托運人姓名及地址 SHIPPER'S NAME AND ADDRESS	托運人帳號 SHIPPER'S ACCOUNT NUMBER	供承運人用 FOR CARRIER USE ONLY	
CHINA INDUSTRY CORP, BEIJING P. R. CHINA TEL:86(10)6456666		航班/日期 FLIGHT/DAY	航班/日期 FLIGHT/DAY
		CA921/30 JUL,2005	
收貨人姓名及地址 CONSIGNEE'S NAME AND ADDRESS	收貨人帳號 CONSIGNEE'S ACCOUNT NUMBER	已預留艙位 BOOKED	
NEW YORK SPORT IMPORTERS, NEW YORK, U. S. A. TEL:78789999		運費 CHARGES CHARGES PREPAID	
代理人的名稱和城市 ISSUING CARRIER'S AGENT NAME AND CITY KUNDA AIR FREIGHT CO. LTD		ALSO NOTIFY:	
始發站 AIRPORT OF DEPARTURE CAPITAL INTERNATIONAL AIRPORT			
到達站 AIRPORT OF DESTINATION JOHN KENNEDY AA AIRPORT			

表 6–2(續)

托運人聲明的價值 SHIPPER'S DECLARED VALUE		保險金額 AMOUNT OF IN-SURANCE ×× ×	所附文件 DOCUMENTS TO ACCOMPANY AIR WAYBILL 1 COMMERCIAL INVOICE
供運輸用 FOR CARRIAGE NVD	供海關用 FOR CUSTOMS NCV		

處理情況(包括包裝方式、貨物標誌及號碼等)
HANDLING, INFORMATION (INCLU. METHOD OF PACKING, IDENTIFYING MARKS AND NUMBERS ETC.)
KEEP UPSIDE

件數 NO. OF PACKAGES	實際毛重 千克(公斤) ACTUAL GROSS WEIGHT (KG)	運價類別 RATE CLASS	收費重量 CHARGEABLE WEIGHT	費率 RATE/ CHARGE	貨物品名及數量(包括體積或尺寸) NATURE AND QUANTITY OF GOODS (INCL. DIMENSIONS OF VOLUME)
1	25.2				MECHINERY DIMS;82×48×32CM

托運人簽字(SIGNATURE OF SHIPPER) CHINA INDUSTRY CORP, BEIJING P. R. CHINA 　　　　　　　　　　　　　楊華	日期(DATE) 25 JUL,2005

其他資料：
費率(RATE/ CHARGE):CNY37.51/KG
承運人(CARRIER):AIR CHINA

3. 審核單證

航空貨運代理對托運人《國際貨物委託書》和隨附單證必須進行審核,如發現單證不符或缺少,應要求托運人盡快修改或補交。審核的單證包括發票、裝箱單、托運書、報關單、外匯核銷單、進出口許可證、商檢證、進料(來料)加工核銷單、索賠(返修)協議(正本)、到付保函、海關封關等。

4. 接受單證

接受託運人送交的已經審核確定的托運書及報關單和收貨憑證,與電腦中的收貨記錄與收貨憑證進行核對。製作操作交接單,填上所收到的各種報關單證的份數,給每份交接單配一份總運單或分運單。如果貨未到或未全到,可以按照托運書上的數據填入交接單並註明,貨物到齊後再進行修改。

5. 接收貨物

接收貨物一般與接受單證同時進行。航空貨代把即將發運的貨物從托運人手中接來送到自己的倉庫,對於通過鐵路運輸或空運從內地運往出境地的出口貨物,貨運代理

根據托運人提供的運單號、航班號、接貨地點及接貨日期，代其提取貨物。如貨物已在始發地辦理了出口海關手續，托運人應同時提供始發地海關的關封，航空貨代在接貨時應對貨物進行檢驗並辦理交接手續。

6. 填製航空貨運單

航空貨運單包括總運單和航空貨代公司的分運單，填寫的主要依據是托運人提供的國際貨物托運書。在實務中航空貨運單均由承運人或其代理代為填製。航空貨運單一般用英文填寫。目的地為香港地區的航空貨運單可以用中文填寫。托運單上的各項內容都應體現在航空貨運單上。已訂艙的貨物或運費到付的貨物，運單上要註明已訂妥的航班號、航班日期。對於運輸途中需要特殊對待的貨物還應在航空貨運單「Handing Information」欄中註明。

所托運的貨物是直接發給國外收貨人的單票托運貨物，填寫航空公司總運單即可。但貨物如果屬於以國外貨代為收貨人的集中托運貨物，必須先為每票貨物填寫分運單，再填寫總運單，以便國外代理對總運單下的各票貨物進行分撥。總運單下有幾份分運單時，需製作航空貨物清單。總運單上貨物的件數必須與相對應的幾份分運單的件數相同。

7. 標記與標籤

在航空貨物運輸中一定要刷上標記和貼上標籤。標記是貨物外包裝上由托運人書寫的有關事項和記號，如托運人和收貨人的姓名、地址、聯繫電話、傳真、合同號、運輸操作事項等內容。

標籤是對承運貨物的標誌。航空貨運代理必須為每件貨物拴掛或粘貼上有關的標籤。對於一票貨物，如果航空貨運代理公司出具了分運單，則除了航空公司主標籤外，還要加掛航空貨代公司的分標籤。對需要特殊處理的或照管的貨物要粘貼指示性標籤。

8. 配艙

配艙時核對托運書上預報的數量與貨物的實際件數、重量、體積的差異，根據預訂的艙位、板箱合理搭配，按照各航班機型、板箱型號、高度、數量進行配載。對貨物晚到、未到情況以及未能順利通關放行的貨物進行調整處理，為製作配艙單做準備。

9. 訂艙

訂艙是指航空貨代公司將所接收的空運貨物向航空公司正式提出運輸申請並訂妥艙位。首先，航空貨代接到托運人的發貨預報，向航空公司嘰控部門領取並填寫訂艙單，同時提供相應信息，包括貨物的名稱、體積、重量、件數、目的地、要求出運的時間及其他運輸要求。其次，航空公司接受訂艙後，簽發艙單，同時給予裝貨集裝箱領取憑證，以表示艙位已訂妥。航空貨代在訂艙時，應依照托運人的要求選擇最佳的航線和最佳的承運人，為托運人爭取最低、最合理的運價。

10. 出口報關

在航空貨物發運前，托運人或其代理人應向出境地海關辦理貨物出口手續。程序為：電腦預錄入──→報關單上蓋章──→準備隨附單證──→向海關申報──→海關審核放行。

11. 出倉單

出倉單用於倉庫安排貨物出庫計劃及供裝板、裝箱部門作為倉庫提貨的依據和倉庫交貨的憑證，同時也是製作《國際貨物交接清單》的依據。配艙方案制定後，就可編製出倉單。出倉單上應載明出倉日期、承運航班日期、裝載板箱形式及數量、貨物進倉順序編

號、總運單號、件數、重量、體積、目的地三字代碼和倉庫交貨的憑證。

12. 提板、箱與裝貨

根據訂艙計劃向航空公司申請板、箱並辦理相關手續。提板、箱時，應領取相應的塑料薄膜和網。對使用的板、箱要登記、消號。一般情況下，航空貨物均以集裝箱或集裝板形式裝運。

裝板、裝箱應注意如下事項：不要用錯集裝箱、集裝板，不要用錯板型、箱型；不要超過裝箱、裝板尺寸；要墊襯、封蓋好塑料薄膜，以防潮、防雨淋；集裝箱、集裝板內貨物盡可能配裝整齊，結構穩定，接緊網索，防止運輸途中倒塌；對於大宗貨物，盡可能將整票貨物裝載在一個或幾個板、箱內運輸。

大宗貨物、集中托運貨物可以在貨運代理公司自己的倉庫、場地、貨棚裝板、裝箱，亦可在航空公司指定的場地裝板、裝箱。

13. 簽單

航空公司的地面代理規定，只有簽單確定後才允許將單、貨交給航空公司，所以航空貨代在貨運單蓋好海關放行章後，還應到航空公司簽單，審核確定運價使用是否正確以及貨物性質是否適合航空運輸。

14. 交接發運

交接發運是指航空公司交單接貨，由航空公司安排運輸。交單就是將隨機單據和應由承運人留存的單據交給航空公司。隨機單據包括第二聯航空貨運單正本、發票、裝箱單、產地證明、品質鑒定書等。交貨是指把與單證相符的貨物交給航空公司。大宗貨物、集中托運貨物，以整板、整箱稱重交接；零散小貨按票稱重，計件交接。但交貨前必須粘貼或拴掛貨物標籤，清點和核對貨物，填寫貨物交接清單。

15. 航班跟蹤

單、貨交給航空公司後，航空公司可能會因為各種原因不能按預定時間運出，所以航空貨代從單、貨交給航空公司後就需對航班、貨物進行跟蹤。

16. 信息服務

航空貨運代理從接受發貨人委託開始，就須在多個方面為客戶做好信息服務。航空貨代應向委託人提供的信息主要有：訂艙信息、審單情況、報關信息（貨主委託航空貨代報關的情況下）、稱重信息、倉庫收貨信息、集中托運信息、單證信息、一程及二程航班信息等。

17. 費用結算

(1) 向承運人支付航空運費及代理費，同時收取代理佣金。

(2) 在運費預付的情況下，收取航空運費地面運輸費及各種服務費和手續費。

(3) 與國外代理結算到付運費和利潤分成。航空公司與國外航空貨運代理存在長期代理協議，一般採取一定時期內清算的方法，與國外代理結算一般應收應付費用會相互抵消。

二、國際航空貨運進口代理業務流程

(一) 國際航空貨運進口代理業務流程圖

國際航空貨運進口代理業務流程如圖 6–2 所示：

```
            ┌──────────┐
            │ 代理預報 │
            └────┬─────┘
                 ↓
            ┌──────────┐
            │ 交單接貨 │
            └────┬─────┘
         ┌───────┴───────┐
         ↓               ↓
  ┌────────────┐  ┌──────────────┐
  │ 理貨與倉儲 │  │ 理單與倒貨通知│
  └─────┬──────┘  └──────────────┘
        ↓
  ┌────────────┐
  │ 制單與報關 │
  └─────┬──────┘
        ↓
  ┌────────────┐
  │ 收費與發貨 │
  └─────┬──────┘
        ↓
  ┌────────────┐
  │ 送貨與轉運 │
  └────────────┘
```

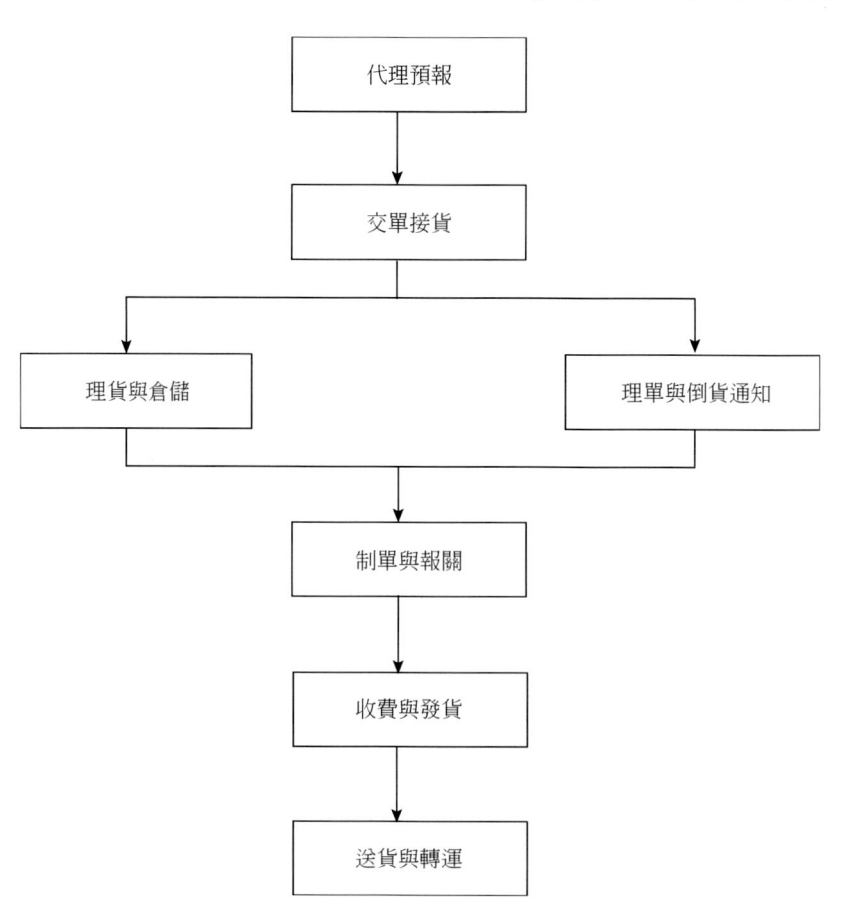

圖 6-2 國際航空貨運進口代理業務流程圖

(二)國際航空貨運進口代理業務程序

1. 代理預報

在國外貨物發運之前，由國外代理將運單、航班、件數、重量、品名、實際收貨人及地址、聯繫電話等內容通過傳真或電子郵件發給目的地代理。

2. 交接單、貨

航空公司的地面代理向貨運代理交接的有國際貨物交接清單、總運單、隨機文件與貨物。交接時要單單核對、單貨核對。

3. 理貨與倉儲

(1)逐一核對每票貨物件數並再次檢查貨物的情況，如有異常，確屬接貨時未發現的情況，可向民航提出交涉解決。

(2)將不同的貨類分別存放、進倉。堆存時要注意貨物箭頭朝向，總運單、分運單標誌朝向，注意重不壓輕、大不壓小。

(3)登記每票貨物儲存區號，並輸入電腦。

4. 理單與到貨通知

航空貨代公司的理單人員需將總運單、分運單與隨機單證、國外代理先期寄達的單

證審核、編配。單證齊全、符合報關條件的即轉入製單、報關程序。如果單證不齊,應立即與貨主聯繫,催其交齊單證,使之符合報關條件。同時,貨物到目的地後,貨運代理應盡快發出到貨通知。如貨主自行報關,提醒貨主配齊有關單證,盡快報關,為貨主減少倉儲費,避免海關滯報金。

5. 製單與報關

如果貨主要求貨代代為報關,航空貨代應按海關的要求,根據運單、發票、裝箱單及證明貨物合法進口的批文製作《進口貨物報關單》。如貨主要求異地清關,在符合海關規定的情況下,製作《轉關運輸申報單》,附上相關文件辦理轉關手續。海關接受申報後,經過初審、審單、檢驗、徵稅,然後放行。

6. 收費與發貨

辦完報關、報驗等手續後,貨主憑蓋有海關放行章、檢驗檢疫章的進口提貨單到所屬監管倉庫付費提貨。航空貨代公司倉庫在發貨前,一般先將費用收妥再發貨。收費內容主要有:到付運費及墊付佣金、單證報關費、倉儲費、裝卸費、鏟車費、航空公司到港倉儲費、海關預錄入及商檢費等代收代付費用、關稅及墊付佣金。

倉庫發貨時,須再次檢查貨物外包裝情況,遇有破損、短缺,應向貨主做出交代,應指導並協助貨主合理安排安全裝車,以提高運輸效益,保障運輸安全。

7. 送貨與轉運

送貨是指航空貨代將進口清關的貨物用汽車直接運送到貨主單位,也叫送貨上門。航空貨代在貨主的委託下將進口清關的貨物用火車、飛機、汽車、水運、郵政等方式轉運到貨主所在地,叫轉運業務。

三、航空運單

(一)航空運單的性質、作用

航空運單(Air Waybill)與海運提單有很大不同,卻與國際鐵路運單相似。它是由承運人或其代理人簽發的重要的貨物運輸單據,是承托雙方的運輸合同,其內容對雙方均具有約束力。航空運單不可轉讓,持有航空運單也並不能說明可以對貨物要求所有權。

1. 航空運單是發貨人與航空承運人之間的運輸合同

與海運提單不同,航空運單不僅證明航空運輸合同的存在,而且其本身就是發貨人與航空運輸承運人之間締結的貨物運輸合同,在雙方共同簽署後產生效力,並在貨物到達目的地交付給運單上所記載的收貨人後失效。

2. 航空運單是承運人簽發的已接收貨物的證明

航空運單也是貨物收據,在發貨人將貨物發運後,承運人或其代理人就會將其中一份交給發貨人(即發貨人聯),作為已經接收貨物的證明。除非另外註明,它是承運人收到貨物並在良好條件下裝運的證明。

3. 航空運單是承運人據以核收運費的帳單

航空運單分別記載著屬於收貨人負擔的費用、屬於應支付給承運人的費用和應支付給代理人的費用,並詳細列明費用的種類、金額,因此可作為運費帳單和發票。承運人往往也將其中的承運人聯作為記帳憑證。

4. 航空運單是報關單證之一

出口時航空運單是報關單證之一。在貨物到達目的地機場進行進口報關時,航空運

單也通常是海關查驗放行的基本單證。

5. 航空運單同時可作為保險證書

如果承運人承辦保險或發貨人要求承運人代辦保險,則航空運單也可作為保險證書。

6. 航空運單是承運人內部業務的依據

航空運單隨貨同行,證明了貨物的身分。運單上載有有關該票貨物發送、轉運、交付的事項,承運人會據此對貨物的運輸做出相應安排。

航空運單的正本一式三份,每份都印有背面條款,其中一份交發貨人,是承運人或其代理人接收貨物的依據;第二份由承運人留存,作為記帳憑證;最後一份隨貨同行,在貨物到達目的地並交付給收貨人時作為核收貨物的依據。

(二)航空運單的分類

航空運單主要分為兩大類:

1. 航空主運單(MAWB,Master Air Waybill)

凡由航空運輸公司簽發的航空運單就稱為主運單。它是航空運輸公司據以辦理貨物運輸和交付的依據,是航空公司和托運人訂立的運輸合同,每一批航空運輸的貨物都有自己相對應的航空主運單。

2. 航空分運單(HAWB,House Air Waybill)

集中托運人在辦理集中托運業務時簽發的航空運單被稱作航空分運單。在集中托運的情況下,除了航空運輸公司簽發主運單外,集中托運人還要簽發航空分運單。在這時,航空分運單作為集中托運人與實際托運人之間的貨物運輸合同,合同雙方分別為貨主和集中托運人;而航空主運單作為航空運輸公司與集中托運人之間的貨物運輸合同,當事人則為集中托運人和航空運輸公司。貨主與航空運輸公司沒有直接的契約關係。

不僅如此,由於在起運地由集中托運人將貨物交付航空運輸公司,在目的地由集中托運人或其代理從航空運輸公司處提取貨物,再轉交給收貨人,因而貨主與航空運輸公司也沒有直接的貨物交接關係。

(三)航空運單的內容

航空運單與海運提單類似——也有正面、背面條款之分,不同的航空公司也會有自己獨特的航空運單格式。所不同的是,航運公司的海運提單可能千差萬別,但各航空公司所使用的航空運單則大多借鑑 IATA 所推薦的標準格式,差別並不大。所以我們這裡只介紹這種標準格式,也稱中性運單。下面就有關需要填寫的欄目說明如下:

(1)始發站機場:需填寫 IATA 統一制定的始發站機場或城市的三字代碼,這一欄應該和(11)欄相一致。

(1A)IATA 統一編製的航空公司代碼,如中國的國際航空公司的代碼就是 999。

(1B)運單號。

(2)發貨人姓名、住址(Shipper's Name and Address):填寫發貨人姓名、地址、所在國家及聯絡方法。

(3)發貨人帳號:只在必要時填寫。

(4)收貨人姓名、住址(Consignee's Name and Address):應填寫收貨人姓名、地址、所在國家及聯絡方法。與海運提單不同,因為空運單不可轉讓,所以「憑指示」之類的字樣不得出現。

(5)收貨人帳號:同(3)欄一樣只在必要時填寫。

(6)承運人代理的名稱和所在城市(Issuing Carrier's Agent Name and City)。

(7)代理人的IATA代號。

(8)代理人帳號。

(9)始發站機場及所要求的航線(Airport of Departure and Requested Routing):這裡的始發站應與(1)欄填寫的相一致。

(10)支付信息(Accounting Information):此欄只有在採用特殊付款方式時才填寫。

(11A)、(11C)、(11E):去往(To)。分別填入第一(二、三)中轉站機場的IATA代碼。

(11B)、(11D)、(11F)承運人(By)。分別填入第一(二、三)段運輸的承運人。

(12)貨幣(Currency):填入ISO貨幣代碼。

(13)收費代號:表明支付方式。

(14)運費及聲明價值費(WT/VAL,Weight Charge/Valuation Charge):此時可以有兩種情況——預付(PPD,Prepaid)或到付(COLL,Collect)。如預付在(14A)中填入「*」,否則填在(14B)中。需要注意的是,航空貨物運輸中運費與聲明價值費支付的方式必須一致,不能分別支付。

(15)其他費用(Other):也有預付和到付兩種支付方式。

(16)運輸聲明價值(Declared Value for Carriage):在此欄填入發貨人要求的用於運輸的聲明價值。如果發貨人不要求聲明價值,則填入「NVD(No Value Declared)」。

(17)海關聲明價值(Declared Value for Customs):發貨人在此填入對海關的聲明價值,或者填入「NCV(No Customs Valuation)」,表明沒有聲明價值。

(18)目的地機場(Airport of Destination):填寫最終目的地機場的全稱。

(19)航班及日期(Flight/Date):填入貨物所搭乘航班及日期。

(20)保險金額(Amount of Insurance):只有在航空公司提供代保險業務而客戶也有此需要時才填寫。

(21)操作信息(Handling Information):一般填入承運人對貨物處理的有關注意事項,如「Shipper's Certification for Live Animals(托運人提供活動物證明)」等。

(22A)—(22L)貨物運價、運費細節。

(22A)貨物件數和運價組成點(No. of Pieces and RCP/Rate Combination Point):填入貨物包裝件數,如10包即填「10」。當需要組成比例運價或分段相加運價時,在此欄填入運價組成點機場的IATA代碼。

(22B)毛重(Gross Weight):填入貨物總毛重。

(22C)重量單位:可選擇公斤或磅。

(22D)運價等級(Rate Class):針對不同的航空運價共有6種代碼,它們是M(Minimum,起碼運費)、C(Specific Commodity Rates,特種運價)、S(Surcharge,高於普通貨物運價的貨物運價)、R(Reduced,低於普通貨物運價的貨物運價)、N(Normal,45公斤以下貨物適用的普通貨物運價)、Q(Quantity,45公斤以上貨物適用的普通貨物運價)。

(22E)商品代碼(Commodity Item No.):在使用特種運價時需要在此欄填寫商品代碼。

(22F)計費重量(Chargeable Weight):此欄填入航空公司據以計算運費的計費重量,

該重量可以與貨物毛重相同，也可以不同。

（22G）運價（Rate/Charge）：填入該貨物適用的費率。

（22H）運費總額（Total）：此欄數值應為起碼運費值或者是運價與計費重量兩欄數值的乘積。

（22I）貨物的品名、數量、含尺碼或體積（Nature and Quantity of Goods incl. Dimensions or Volume）：貨物的尺碼應以厘米或英吋為單位，尺寸分別以貨物最長、最寬、最高邊為基礎。體積則是上述三邊的乘積，單位為立方厘米或立方英吋。

（22J）該運單項下貨物總件數。

（22K）該運單項下貨物總毛重。

（22L）該運單項下貨物總運費。

（23）其他費用（Other Charges）：指除運費和聲明價值附加費以外的其他費用。根據 IATA 規則，各項費用分別用三個英文字母表示。其中前兩個字母是某項費用的代碼，如運單費就表示為 AW（Air Waybill Fee）。第三個字母是 C 或 A，分別表示費用應支付給承運人（Carrier）或貨運代理人（Agent）。

（24）—（26）分別記錄運費、聲明價值費和稅款金額，有預付與到付兩種方式。

（27）、（28）分別記錄需要付與貨運代理人（Due Agent）和承運人（Due Carrier）的其他費用合計金額。

（29）需預付或到付的各種費用。

（30）預付、到付的總金額。

（31）發貨人的簽字。

（32）簽單時間（日期）、地點、承運人或其代理人的簽字。

（33）貨幣換算及目的地機場收費記錄。

以上所有內容不一定要全部填入空運單，IATA 也並未反對在運單中寫入其他所需的內容。但這種標準化的單證對航空貨運經營人提高工作效率、促進航空貨運業向電子商務的方向邁進有著積極的意義。

(四) 航空貨運單示例

航空貨運單如表 6-3 所示。

(五) 航空貨運單填寫實例

用本節中表 6-2 國際貨物托運書的資料填航空貨運單，具體見表 6-4。

表 6-3　　　　　　　　　　　　　　航空貨運單

(1A)	(1)	(1B)		(1A)		(1B)
Shipper's Name and Address (2)		(3)Shipper's Account Number		Not Negotiable Air Waybill Issused By (1C)		
				Copy 1, 2 and 3 of this Air Waybill are originals and has the same validity.		
Consignee's Name and Address (4)		(5)Consignee's Account Number		It is agreed that the goods described herein are accepted in apparent good order and condition (except as noted) for carriage subject to the conditions of contract on the reverse hereop.All goods may be carried by any other means in cluding road or any other carrier unless specific contrary instructions are given hereon by the shipper. The shipper's attention is orawn to the notice concerning carrier's limitation of liability. The shipper may increase such limitation of liability by declaring a higher value for carriage and paying a supplemental charge if required. (1E)		
Issuing Carrier's Agent Name and City (6)				Accounting Information (10)		
Agent's IATA Code (7)		Account No. (8)				

Airport of Departure (Add. of First Carrier) and Requested Routing (9)　　　Reference Number

To (11A)	Routing and Destination By First Carrier (11B)	To (11C)	By (11D)	To (11E)	By (11F)	Currency (12)	CHGS Code (13)	WT/VAL PPD (14A)	COLE. (14B)	PPD (15A)	COLE. (15B)	Optional Shipping Information (34A)	Declared Value for Carriage (16) (34B)	Declared Value for Customs (17) (34C)
AIRPORT OF DESTINATION (18)	Flight/Date For Carrier Use Only Flight/Date (19A) (19B)							AMOUNT OF INSURANCE (20)						

表 6-3（續）

Handling Information	(21)								(21A) SCI
No. of Packages RCP	Gross Weight	kg / lb	Rate Class (22Z)	Commodity Item No.	Chargeable Weight	Rate/Charge	Total	NATURE AND QUANTITY OF GOODS(INCL.DIMENSIONS OR VOLUME)	
(22A) (22J)	(22B) (22K)	(22C)	(22D)	(22E)	(22F)	(22G)	(22H) (22L)	(22I)	
Prepaid	Weight Charge (24A)		Collect (24B)		Other Charges (23)				
Valuation Charge (25A)		(25B)							
Tax (26A)		(26B)							
Total Other Charges Due Agent (27A)		(27B)							
Total Other Charges Due Carrier (28A)		(28B)							
(29A)		Total Collect (29B)							
Total Prepaid (30A)		(30B)		Signature of Shipper or His Agent (31)					

表 6-3(續)

Currency Conversion Rates (33A)	CC Charges in Dest. Currency (33B)	(32A)　(32B)　(32C) Executed on (Date) at (Place) Signature of Issuing Carrier or His Agent
For Carrier's Use Only At Destination (33)	Charges at Destination (33C)	Total Collect Charges (33D)

表 6-4　　　　　　　　　　　　　　航空貨運單填寫實例

Shipper's Name and Address CHINA INDUSTRY CORP.,BEIJING P.R.CHINA TEL:86(10)6456666	Shipper's Account Number			Not Negotiable Air Waybill Issued By				
				Copy 1,2 and 3 of this Air Waybill are originals and has the same validity.				
Consighee's Name and Address NEW YORK SPORT IMPORTERS,.NEW YORK U.S.A. TEL:78789999	Consignee's Account Number			It is agreed that the goods described herein are accepted in apparent good order and condition (except as noted) for carriage subject to the conditions of contract on the reverse hereof. All goods may other carrier unless specific contrary instructions are given hereon by the shipper. The shipper's attention is drawn to the notice concerning carrier's limitation of liability. The shipper may increase such limitation of liability by declaring a higher value for carriage and paying a supplemental charge if required. (IE)				
Issuing Carrier's Agent Name and City KUNDA AIR FREIGHT CO. LTD				Accounting Information				
Agent's IATA Code	Account No.							
Airport of Departure(Addr. of First Carrier)and Requested Routing CAPITAL INTERNATIONAL AIRPORT				Reference Number				
To JFK	Routing and Destination			Currency CNY	CHGS Code	WT/VAL || Other	Declared Value for Carriage NVD	Declared Value for Customs NCV
	By First Carrier CA	To	By To	By			PPD	COLE.	PPD	COLE.	PPD ×	COLE.		
						×		×		
Airport of Destination	Flight/Date CA921/30,JUL,2005		For Carrier Use Only	Flight/Date	Amount of Insurance × × ×			

表 6-4(续)

JOHN KENNEDY								
Handling Information								
1COMMERCIAL		KEEP UP SIDE						SCI

No. of Packages RCP	Gross Weight	kg lb	Rate Class	Commodity Item No.	Chargeable Weight	Rate/Charge	Total	Nature and Quantity of Goods(Incl. Dimensions or Volume)
1	25.2	K	N		25.5	37.51	956.51	SAMPLE DIMS:82 × 48 × 32CM

Prepaid Weight Charge 956.51 / Collect

Valuation Charge

Tax

Total Other Charges Due Agent

Total Other Charges Due Carrier

Other Charges

CHINA INDUSTRY CORP, BEIJING
P.R. CHINA 杨华

Signature of Shipper or His Agent

Total Prepaid 956.51 / Total Collect

30 JUL 2005 BEIJING AIR CHINA 李明

Currency Conversion Rates / CC Charges in Dest.Currency / Executed on(date) at (place) Signature of Issuing Carrier or His Agent

For Carrier's Use Only At Destination / Charges at Destination / Total Collect Charges

第二節　國際航空貨物運價基本知識

一、運價、運費與計費重量

(一) 運價(Rates)

承運人為運輸貨物對規定的每一重量單位(或體積)收取的費用稱為運價，又稱費率。運價僅僅指機場與機場間(Airport to Airport)的空中費用，不包括其他費用(Other Charges)，如地面運輸、倉儲、製單、貨物清關等承運人、代理人、機場或其他部門收取的與空運有關的費用。

航空運價一般以運輸始發地的本國貨幣公布，也有的國家以美元代替其本國貨幣公布，美元則視為運價公布國的當地貨幣。

(二) 運費(Weight Charges)

根據運價計算得到的發貨人或收貨人應當支付的每票貨物從始發地機場至目的地機場的運輸費用稱為運費。每票貨物指的是使用同一份航空貨運單的貨物。航空運費根據運價計算得出，因此同運價一樣，不包括其他費用。

(三) 計費重量(Chargeable Weight)

航空貨運的計費重量是計算貨物航空運費的重量。航空運費是由運價乘以貨物的重量來確定的，但這裡「公斤」數是指貨物的計費公斤數。計費重量公斤數並不一定等於普通人理解的貨物通過磅秤稱出來的公斤數，有的時候，這個公斤數是用米尺「量」出來的。航空貨運的計費重量或者是貨物的實際毛重，或者是貨物的體積重量，或者是較高重量分界點的重量。

1. 重貨(High Density Cargo)

重貨是指那些每6,000立方厘米或每366立方英吋重量超過1千克或者每166立方英吋重量超過1磅的貨物。重貨的計費重量就是它的毛重(Gross Weight)，即貨物的毛重是指貨物的淨重(Net Weight)加上外包裝的重量(Tare Weight)。

如果貨物的毛重以千克表示，計費重量的最小單位是0.5公斤。當重量不足0.5公斤時，按0.5公斤計算；超過0.5公斤不足1公斤時按1公斤計算。如果貨物的毛重以磅表示，當貨物不足1磅時，按1磅計算。

例如：125.001公斤計費重量為125.5公斤；125.501公斤計費重量為126.0公斤。但每張航空貨運單的貨物重量不足1公斤時，按1公斤計算。

2. 輕貨(Low Density Cargo)

輕貨或輕泡貨物是指那些每6,000立方厘米或每366立方英吋重量不足1千克或者每166立方英吋重量不足1磅的貨物。

輕泡貨物以它的體積重量(Volume Weight)作為計費重量。計算方法是：

(1) 不考慮貨物的幾何形狀分別量出貨物的最長、最寬、最高的部分，單位為厘米或英吋，測量數值的尾數四捨五入。

(2) 將貨物的長、寬、高相乘得出貨物的體積。

(3) 將體積折合成公斤或磅，即根據所使用的不同度量單位分別用體積值除以6,000

立方厘米或366立方英吋或166立方英吋。體積重量尾數的處理方法與毛重尾數的處理方法相同。

國際航空運輸協會(IATA)統一確定了「體積重量」(Volume Weight)的標準公式，輕泡貨物的計費重量公式為：

計費體積重量(公斤/kgs) = 長(cm) × 寬(cm) × 高(cm) ÷ 6,000

換言之，對於輕泡貨物而言，貨物的體積重量(公斤) = 貨物的體積(cm^3) ÷ 6,000，即6,000立方厘米體積的貨物按1公斤重來計算運費。

按照實際重量與體積重量擇大計費的原則，如果貨物比如棉花、編織工藝品等的比重小而單位體積偏大，那麼應當測量貨物的體積，根據以上公式計算出體積重量，然後將貨物的實際重量與體積重量做比較，擇其大者作為計費重量，乘以運價就得出了應收運費。

例：如果有3箱110cm×57cm×57cm的貨物從北京出口到加拿大，總的實際毛重為105kgs，單位運價為38元/公斤，求該批貨物的運費。

解：體積重量 = 長(cm) × 寬(cm) × 高(cm) × 3 ÷ 6 000
　　　　　　 = 110cm × 57cm × 57cm × 3 ÷ 6 000
　　　　　　 = 178.695(kgs)
　　　　　　 = 179(kgs)

而該批貨物的實際毛重為105kgs，小於體積重量179kgs，因此體積重量就是向航空公司付費的計費重量。所以該批貨物的運費為：

航空運費 = 計費重量 × 單位運價
　　　　 = 179 × 38 = 6,802(元)

如果在集中托運的情況下，同一運單項下有多件貨物，其中有重貨也有輕貨，此時貨物的計費重量就按照該批貨物的總毛重或總體積重量中較高的一個計算。也就是首先計算這一整批貨物總的實際毛重；其次，計算該批貨物的總體積，並求出體積重量；最後，比較兩個數值，並以高的作為該批貨物的計費重量。

在實際業務中，航空公司在丈量貨物的外包裝時，往往會比箱子的實際尺寸多出一兩厘米，如果箱子有突出部分，按突出部分的長度來計算。因此，客戶可能往往會發現貨運代理或航空公司收取的費用與自己原先計算的重量有出入。

二、運價的分類與使用原則

按照IATA貨物運價公布的形式，國際貨物運價可分為公布的直達運價和非公布直達運價。在此只介紹公布的直達運價。

(一)公布的直達運價

公布的直達運價指航空公司在運價本上直接註明承運人對由甲地運至乙地的貨物收取的一定金額。

1. 公布的直達運價的種類

(1)特種貨物運價(Specific Commodity Rates, SCR)。特種貨物運價通常是承運人根據在某一航線上經常運輸某一種類貨物的托運人的請求或為促進某地區間某一種類貨物的運輸，經國際航空運輸協會同意而提供的優惠運價，用「C」表示。

國際航空運輸協會公布特種貨物運價時將貨物劃分為以下類型：

0001—0999 食用動物和植物產品；
1000—1999 活動物和非食用動物及植物產品；
2000—2999 紡織品、纖維及其製品；
3000—3999 金屬及其製品，但不包括機械、車輛和電器設備；
4000—4999 機械、車輛和電器設備；
5000—5999 非金屬礦物質及其製品；
6000—6999 化工品及相關產品；
7000—7999 紙張、蘆葦、橡膠和木材製品；
8000—8999 科學、精密儀器、器械及配件；
9000—9999 其他貨物。

其中每一組又細分為 10 個小組，每個小組再細分，這樣幾乎所有的商品都有一個對應的組號，公布特種貨物運價時只要指出本運價適用於哪一組貨物就可以了。

因為承運人制定特種運價的初衷主要是使運價更具競爭力，吸引更多客戶，並使航空公司的運力得到更充分的利用，所以特種貨物運價比普通貨物運價要低。

(2) 等級貨物運價(Class Rates or Commodity Classification Rates, CCR)。等級貨物運價適用於指定地區內部或地區之間的少數貨物運輸，通常表示為在普通貨物運價的基礎上不增加也不減少或增加一定的百分比，用「S」表示。在普通貨物運價的基礎上減少一定百分比用「R」表示。

適用等級貨物運價的貨物通常有：活動物、活動物的集裝箱和籠子；貴重物品；屍體或骨灰；報紙、雜誌、期刊、書籍、商品目錄、盲人和聾啞人專用設備和書籍等出版物；作為貨物托運的行李。其中前三項通常在普通貨物運價基礎上增加一定百分比，後兩項在普通貨物運價的基礎上減少一定百分比。

(3) 普通貨物運價(General Cargo Rates, GCR)。普通貨物運價是指除了等級貨物運價和指定貨物運價以外的適用於普通貨物的運價。普通貨物運價是用得最廣泛的一種運價。當一批貨物不能適用特種貨物運價，也不適用於等級貨物時，就應該用普通貨物運價。

通常，各航空公司公布的普通貨物運價針對所承運貨物數量的不同規定幾個計費重量分界點(Breakpoints)。最常見的是 45 公斤分界點，將貨物分為 45 公斤以下的貨物(該種運價又被稱為標準普通貨物運價，即 Normal General Cargo Rates, NGCR，或簡稱 N)，運價用「N」表示；45 公斤以上(含 45 公斤)的貨物，運價用「Q45」表示；還可以規定 100 公斤、300 公斤為分界點的貨物運價，分別用「Q100」、「Q300」表示，甚至更多。運價的數額隨運輸貨量的增加而降低，這也是航空運價的顯著特點之一。

由於對大運量貨物提供較低的運價，我們很容易發現對一件 75 公斤的貨物，按照 45 公斤以上貨物的運價計算的運費(9.82×75＝736.50)反而高於一件 100 公斤的貨物所應付的運費(7.14×100＝714.00)，顯然這有些不合理，因此航空公司又規定對航空運輸的貨物除了要比較其實際的毛重和體積重量並以高的為計費重量以外，如果適用較高的計費重量分界點計算出的運費更低，則也可適用較高的計費重量分界點的費率，此時貨物的計費重量為那個較高的計費重量分界點的最低運量。也就是說，在上邊的例子中，這件 75 公斤的貨物也可以適用每公斤 7.14 英鎊的費率，但貨物的計費重量此時應該是 100 公斤，運費額為 714 英鎊。

（4）起碼運費（Minimum Charges，M）。起碼運費是航空公司辦理一批貨物所能接受的最低運費，是航空公司在考慮辦理即使很小的一批貨物也會產生固定費用後制定的。

如果承運人收取的運費低於起碼運費，就不能彌補運送成本。因此，航空公司規定無論所運送的貨物適用哪一種航空運價，所計算出來的運費總額都不得低於起碼運費。若計算出的數值低於起碼運費，則以起碼運費計收，另有規定除外。

2. 公布的直達運價的使用

（1）除起碼運費外，公布的直達運價都以公斤或磅為單位。

（2）航空運費計算時，應首先適用特種貨物運價，其次是等級貨物運價，最後是普通貨物運價。

（3）按特種貨物運價或等級貨物運價或普通貨物運價計算的貨物運費總額低於所規定的起碼運費時，按起碼運費計收。

（4）承運貨物的計費重量可以是貨物的實際重量或者是體積重量，以高的為準；如果某一運價要求有最低運量，而無論貨物的實際重量或者是體積重量都不能達到要求時，以最低運量為計費重量。

（5）公布的直達運價是一個機場至另一個機場的運價，而且只適用於單一方向。

（6）公布的直達運價僅指基本運費，不包含提貨、報關、接交和倉儲等等附加費。

（7）原則上，公布的直達運價與飛機飛行的路線無關，但可能因承運人選擇的航路不同而受到影響。

（8）運價的貨幣單位一般以起運地當地貨幣單位為準，費率以承運人或其授權代理人簽發空運單的時間為準。

（9）航空運單中的運價是出具運單之日所適用的運價。

（二）航空附加費

1. 聲明價值附加費（Valuation Charges）

與海運或鐵路運輸的承運人相似，航空承運人也要求將自己對貨方的責任限制在一定的範圍內，以降低經營風險。

《華沙公約》中對由承運人造成的貨物的滅失、損壞或延遲規定了最高賠償責任限額，這一金額是每公斤20美元或每磅9.07英鎊或其他等值貨幣。如果貨物的價值超過了上述值，即增加了承運人的責任，發貨人在交運貨物時就應向承運人聲明貨物的價值。承運人根據貨物的聲明價值向托運人收取一定的費用，該費用稱為聲明價值附加費。否則即使出現更多的損失，承運人對超出的部分也不承擔賠償責任。

貨物的聲明價值是針對整件貨物而言的，不允許對貨物的某部分聲明價值。聲明價值費的收取依據貨物的實際毛重，其計算公式為：

聲明價值費 =（貨物價值 − 貨物毛重 × 20 美元/公斤）× 聲明價值費費率

聲明價值費的費率通常為0.5%。大多數的航空公司在規定聲明價值費費率的同時還要規定聲明價值費的最低收費標準。如果根據上述公式計算出來的聲明價值費低於航空公司的最低標準，則托運人要按照航空公司的最低標準繳納聲明價值費。

2. 其他附加費

其他附加費包括製單費、貨到付款附加費、提貨費等等，一般只有在承運人或航空貨運代理人或集中托運人提供服務時才收取。

因為普通貨物運價（GCR）是適用最為廣泛的一種運價，因此我們在此重點講述普通

貨物運價的計算。

三、普通貨物運價的計算

(一)運價表

表 6-5

Date/Note Type (8)	Item weight (9)	Min. Curr. (10)	Local (11)	
BEIJING (1)	CN		BJS (2)	(3)
Y. RENMINBI (4)			CNY	KGS (5)
TOKYO (6)		JP (7)	M (12)	230.00
			N (13)	37.51
			45	28.13
		0008	300	28.00
		0300	500	20.61
		1093	100	18.43
		2195	500	18.00

上表說明：

(1)始發國城市全稱

(2)始發站國家的二字代碼

(3)始發站城市的三字代碼

(4)始發站國家的當地貨幣

(5)重量單位

(6)目的站城市全稱

(7)目的站國家的二字代碼

(8)運價的生效或截止日期/集裝箱種類代號

(9)備註

(10)適用的商品品名編號

(11)以當地貨幣表示的每公斤的運價數額

(12)最低運價

(13)低於45kg的運價

(二)確定貨物的計費重量

第一步確定實際重量(毛重)(Gross Weight);單位:0.1kg

第二步確定體積重量(Volume Weight);單位:0.5kg

$1.0kg = 6,000cm^3$　　　$1m^3 = 166.67kg$

每公斤貨物的體積超過 $6,000cm^3$ 時,稱為輕泡貨物。

進位方法:

　　例:$100.001kg \longrightarrow 100.5kg$

　　　　$100.501kg \longrightarrow 101.0kg$

貨物的尺寸:$46cm \times 51cm \times 72cm$

體積重量 $= 46cm \times 51cm \times 72cm \div 6,000cm^3/kg = 28.152kg \longrightarrow 28.5kg$

第三步確定計費重量(Chargeable Weight);單位:0.5kg

體積重量、實際重量二者比較,取高者作為計費重量。

(三)計算實例

【實例1】一般運費計算

Routing:PEK—TYO

Commodity:Bamboo Basket

PC/WT:2/23.5kg

DIMS:$39.6cm \times 40.20cm \times 50.4cm$

(1)運價

M:230.00　　CN

N:37.51

45:28.13

(2)體積重量

$40cm \times 40cm \times 50cm \times 2 \div 6,000 \approx 26.67kg \longrightarrow 27.0kg$

(3)計算運費

$27.0kg \times CNY37.51 = CNY 1,012.77$

(4)填開貨運單

(略)

【實例2】適用較高的計費重量分界點運費計算

Routing:PEK—TYO

Commodity:Bamboo Basket

PC/WT:2/40.0kg

DIMS:$39.6cm \times 40.20cm \times 50.4cm$

(1)運價

M:230.00　　CN

N:37.51

45:28.13

(2)體積重量

$40cm \times 40cm \times 50cm \times 2 \div 6,000 \approx 26.67kg \longrightarrow 27.0kg$

(3)計算運費

40.0kg × CNY37.51 = CNY 1,500.40

45.0kg × CNY28.13 = CNY 1,265.85

兩種計費方法比較,取低者。

(4)填開貨運單

(略)

【實例3】適用限額點費用計算

Routing:PEK—TYO

Commodity:New Tape

PC/WT:1/0.4kg

(1)運價

M:230.00　　　CN

N:37.51

45:28.13

(2)運費

0.5kg × CNY37.51 = CNY18.755

因為低於起碼運費,所以應按起碼運費計收。

(3)填開貨運單

(略)

第三節　技能訓練

一、益業公司委託明珠航空貨代公司從重慶代運一批童裝到新加坡,分組模擬國際航空貨物出口貨運代理業務流程。熟悉各流程,畫出流程圖。

二、某公司委託 A 航空貨代公司從日本代運一批手機到成都,分組模擬國際航空貨物進口貨運代理業務流程。熟悉各流程,畫出流程圖。

三、根據下列資料正確繕制國際航空貨物托運單和空運單各一份。

信用證資料:

FROM:UFJ BANK TOKYO

TO:BANK OF CHINA,JIANGSU BR.

DD:DEC. 28,2005

L/C NO.:UF789

DATE AND PLACE OF EXPIRY:FEB. 28,2006

APPLICANT:XYZ COMPANY

6 – 2 OHTEMACHI 1 – CHOME CHIYADA – KU TOKYO

BENEFICIARY:ABC COMPANY

NO 128 ZHONGSHAN XILU CHONGQING

CREDIT AMOUNT:USD 22,912.50

SHIPMENT FROM:CHONGQING,CHINA

FOR TRANSPORTATION TO:TOKYO,JAPAN

LATEST DATE OF SHIPMENT: JAN 18,2006

PARTIAL SHIPMENT AND TRANSHIPMENT ALLOWED.

CONTRACT NO: 04JS001

3,000PCS HOSPITAL UNIFORM, REF-1702 T-XL, AT USD1.95/PC

750PCS HOSPITAL UNIFORM, REF-1802 T-UNICA, AT USD1.60/PC

1,500PCS HOSPITAL UNIFORM, REF-3009 T-XL, AT USD3.85/PC

PRICE TERMS: CIP TOKYO

航空公司2005年1月17日對托運人的航空運單以下內容予以確認:

SHIPPER: ABC COMPANY

GOODS: HOSPITAL UNIFORM

FLIGHT: 0CA1908

ACTUAL FLIGHT DATE: JAN 18,2006

FROM CHONGQING AIRPORT TO TOKYO FOR TRANSPORTATION AIRPORT

G.W.:1,232KGS MEAS:4.2M^3

PACKED IN 88 CARTONS

空運單由承運人(SINOTRANS AIR JIANGSU COMPANY)的代理人王文簽發

簽發日:2005年1月16日

四、根據下列資料和國際航空貨物托運單繕制國際航空運單一份。

資料:

承運人:Air China International Corp   王林

航空貨運代理人:China National Foreign Trade Transportation(Group) Corporation 李紅

簽發日:2005年8月15日

托運人姓名及地址 SHIPPER'S NAME AND ADDRESS WEISS-ROHLIG CHINA LTD. CHENGDU REPRESENTATIVE OFFICE TEL:028-88619800	托運人帳號 SHIPPER'S ACCOUNT NUMBER	供承運人用 FOR CARRIER USE ONLY	
:::	:::	航班/日期 FLIGHT/DAY	航班/日期 FLIGHT/DAY
:::	:::	CA921/30JUL,2005	
收貨人姓名及地址 CONSIGNEE'S NAME AND ADDRESS MR. ALI SALAHI NO.12, GND. SEDGHI NEJAD TRADE CENTRE, SOUTH SADEE ST. TEHRAV, IRAN TEL:98-21-33910719 FAX:98-21-3395248	收貨人帳號 CONSIGNEE'S ACCOUNT NUMBER	已預留艙位 BOOKED	
:::	:::	運費 CHARGES PREPAID	

代理人的名稱和城市 ISSUING CARRIER'S AGENT NAME AND CITY WEISS – ROHLIG CHINA LTD. CHENGDU REPRESENTATIVE OFFICE || ALSO NOTIFY:	
始發站 AIRPORT OF DEPARTURE CHENGDU SHUANGLIU AIRPORT		
到達站 AIRPORT OF DESTINATION TEHERAN IRAN		
托運人聲明的價值 SHIPPER'S DECLARED VALUE	保險金額 AMOUNT OF IN-SURANCE ×××	所附文件 DOCUMENTS TO ACCOMPANY AIR WAYBILL
供運輸用 FOR CARRIAGE NVD	供海關用 FOR CUSTOMS NCV	
處理情況(包括包裝方式、貨物標誌及號碼等) HANDLING INFORMATION (INCLU. METHOD OF PACKING, IDENTIFYING MARKS AND NUMBERS ETC.)		

件數 NO. OF PACKAGES	實際毛重千克(公斤) ACTUAL GROSS WEIGHT (KG)	運價類別 RATE CLASS	收費重量 CHARGEABLE WEIGHT	費率 RATE / CHARGE	貨物品名及數量(包括體積或尺寸) NATURE AND QUANTITY OF GOODS (INCL. DIMENSIONS OF VOLUME)
1	34KGS				

托運人簽字(SIGNATURE OF SHIPPER) WEISS – ROHLIG CHINA LTD. 蘇英		日期(DATE) 2006 – 3 – 2

五、計算：

1. 有一票熱帶魚，毛重 120 公斤，體積 0.504 立方米，需從中國某地空運至韓國漢城，問應如何計算其運費？（設一般貨物運價：45 公斤以上，每公斤 9 港幣；等級貨物運價：每公斤 16.70 港幣；特種貨物運價：每公斤為 7.59 港幣）

2. 有一臺編織機，毛重為 90 公斤，體積為 1 立方米，需從中國某地空運至泰國曼谷。問其空運運費為多少？（設一般貨物運價：45 公斤以上，每公斤為 7 港幣；等級貨物運價：查詢該商品不屬於等級貨物；特種貨物運價：每公斤為 6 港幣，起碼重量為 100 公斤）

3. 有四票精密儀器需運至香港，它們的重量分別為 10 公斤、20 公斤、35 公斤和 40 公斤，如分別托運，各需要多少空運費？如集中托運，又需要多少空運費？（設一般貨物的起碼運費為 65 港幣，45 公斤以下每公斤 3 港幣，45 公斤以上每公斤 2.51 港幣）

4. 一件玩具樣品從上海運至巴黎，其毛重 5.3 公斤，體積尺寸為 41cm × 33cm ×

20cm,計算其航空運費。

公布運價如下：

SHANGHAI	CN		SHA
Y. RENMINBI	CNY		KGS
PARIS	FR	M	320.00
		N	42.81
		45	44.60
		100	40.93

5.

Routing：Beijing,China(BJS)

to Tokyo,Japan(TYO)

Commodity：Moon Cake

Gross Weight：1 Piece,5.8Kgs

Dimensions：1 Piece 42cm×35cm×15cm

計算該票貨物的航空運費。

公布運價如下：

BEIJING	CN		BJS
Y. RENMINBI	CNY		KGS
TOKYO	JP	M	320.00
		N	37.51
		45	28.13

6.

Routing：Beijing,China(BJS)

to Tokyo,Japan(TYO)

Commodity：Machinery

Gross Weight：2 Pieces Each 18.59Kgs

Dimensions：2 Pieces 70cm×47cm×35cm Each

計算該票貨物的航空運費。

公布運價如下：

BEIJING	CN		BJS
Y. RENMINBI	CNY		KGS
TOKYO	JP	M	230
		N	37.51
		45	28.13

7.

Routing：Beijing, China(BJS)
to Portland, U. S. A. (PDX)
Commodity：Fibres
Gross Weight：22 Pieces, Each 70.50Kgs
Dimensions：22 Pieces, 82cm × 68cm × 52cm Each
計算該票貨物的航空運費。
公布運價如下：

BEIJING	CN		BJS
Y. RENMINBI	CNY		KGS
PORTLAND	U. S. A.	M	420.00
		N	59.61
		45	45.68
		100	41.81
	2,211	300	38.79
	2,211	1,500	28.13

第七章
國際鐵路聯運和國際多式聯運

提示:

通過本章的學習,學生能熟練地掌握國際鐵路運輸和國際多式聯運貨代的各業務環節,能填製國際鐵路聯運運單,計算國際鐵路聯運運費,提高國際鐵路運輸和國際多式聯運代理業務的實際操作能力。

第一節 國際鐵路貨物聯運進出口貨物運輸代理業務流程

一、國際鐵路聯運業務流程

(一)國際鐵路貨物聯運出口貨物運輸

國際鐵路貨物聯運出口貨物運輸組織工作主要包括:鐵路聯運出口貨物運輸計劃的編製、貨物托運和承運、國境站的交接和出口貨物的交付等。其流程圖如下:

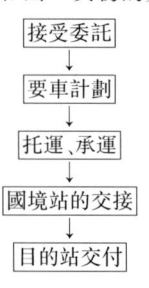

```
接受委託
    ↓
要車計劃
    ↓
托運、承運
    ↓
國境站的交接
    ↓
目的站交付
```

圖 7-1 國際鐵路貨物聯運出口貨物運輸流程圖

1. 國際鐵路貨物聯運出口貨物運輸計劃的編製

國際鐵路貨物聯運出口貨物運輸計劃一般是指月度要車計劃,它是對外貿易運輸計劃的組成部分,體現了對外貿易國際貨物聯運的具體業務,也是日常鐵路聯運工作的重要依據。

凡發送整車貨物,都需要具備鐵路部門批准的月度要車計劃和旬度計劃;零擔貨物,

則不需要向鐵路部門編報月度要車計劃,但發貨人必須事先向發站辦理托運手續。

2. 國際鐵路貨物聯運的托運和承運

貨物的托運,是發貨人組織貨物運輸的一個重要環節。發貨人在托運貨物時,應向車站提出貨物運單,以此作為貨物托運的書面申請。車站接到運單後,應認真進行審核,檢查整車貨物是否有批准的月度、旬度貨物運輸計劃和要車計劃,檢查貨物運單各項內容是否正確,如確認可以承運,應予簽證。車站在運單上填上貨物進入車站日期或裝車日期,即表示受理托運。發貨人按簽證指定的日期將貨物搬入車站或指定的貨位,鐵路相關部門根據貨物運單的記載查對實貨,認為符合國際貨協和有關規章制度的規定,車站方可接收貨物,並開始負保管責任。整車貨物一般在裝車完畢後,發站在貨物運單上加蓋承運日期戳,即表示承運。

發運零擔貨物與整車貨物不同,發貨人在托運時,不需要編製月度、旬度要車計劃,即可憑運單向車站申請托運。車站受理托運後,發貨人應按簽證制定的日期將貨物搬進貨場,送到指定的貨位上,經查驗、過磅後,即交由鐵路相關部門保管。當車站將發貨人托運的貨物連同貨物運單一同接受完畢並在貨物運單上加蓋承運日期戳時,即表示鐵路部門對貨物已承運。鐵路部門對承運後的零擔貨物負保管、裝車發運責任。

托運、承運完畢,鐵路運單作為運輸合同即開始生效。鐵路部門按《國際貨協》的規定對貨物負保管、裝車並運送到指定目的地的一切責任。

(1)國際聯運運單的組成

①運單正本(隨同貨物至到站,並連同第五張和貨物一起交給收貨人);
②運行報單(隨同貨物至到站,並留存到達路);
③運單副本(運輸合同簽訂後,交給發貨人);
④貨物交付單(隨同貨物至到站,並留存到達路);
⑤貨物到達通知單(隨同貨物至到站,並連同第一張和貨物一起交給收貨人)。

為發送路和過境路準備的補充運行報單包括:

帶號碼的補充運行報單必須由發站填製,一式三份——一份留站存查,一份交報發局(分局),一份隨同貨物至出口國境站截留。

不帶號碼的補充運行報單每一過境路填製一份,接車站為補直達車組中個別車輛時應多填製一份補充運行報單。貨物由中國港口站進入,過境中國鐵路運送時,港口站應多填製一份補充運行報單以及慢運或快運的票據,以便中國國境站截留後清算過境運送費用。

運單(包括不帶號碼的補充運行報單)正面未劃粗線的為運送本批貨物所需的各欄,由發貨人填寫。但第⑮、㉗、㉚、㊺及㊽各欄視由何人確定貨物重量、辦理貨物裝車或車輛施封而後確定應由發貨人還是鐵路填寫;第㉖欄由海關記載。

運單中記載的事項,應嚴格按照為其規定的各欄和各行範圍填寫,但第⑨—⑪欄的「一般說明」中規定的情況除外。

中朝、中越鐵路間運送的貨物,可僅用本國文字填寫,同其他《國際貨協》參加路間運送貨物時,則須附俄文譯文。但中國經滿洲里、綏芬河發到獨聯體的貨物,可只用中文填寫,不附譯文。

(2)鐵路運單格式

表 7－1　　　　　　　　　　　　鐵路運單正本

(給收貨人)

發送路簡稱中鐵 1	①發貨人及通信地址	㉕批號（檢查標籤）		運輸號碼②合同編號	
		③發站			
		④發貨人的特別聲明			
	⑤收貨人及通信地址				
	⑥對鐵路無約束效力的記載	㉖海關記載			
		㉗車輛　㉘標記載重(噸)　㉙軸數㉚自重　㉛換裝後的貨物重量			
⑦通過的國境站		㉗	㉘	㉙ ㉚	㉛
⑧到達路和到站					
國際貨協｜運單｜慢運	⑨記號、標記、號碼	⑩包裝種類	⑪貨物名稱	50附件第2號	⑫件數	⑬發貨人確定的重量(公斤)	㉜鐵路確定的重量(公斤)
⑭共計件數(大寫)	⑮共計重量(大寫)集裝箱/運送用具		⑯發貨人簽字		
⑰互換托盤	⑱種類類型		⑲所屬者及號碼		
⑳發貨人負擔下列過境鐵路的費用	㉑辦理種別整車　零擔　大噸位集裝箱		㉒由何方裝車		
			發貨人	鐵路	
	㉔貨物的聲明價格(瑞士法郎)				
	㊺封印		㉝		
			㉞		
			㉟		

表 7-1(續)

㉓發貨人添附的文件	個數	記號	㊱
			㊲
			㊳
			㊴
㊻發站日期戳	㊼到站日期戳	㊽確定重量方法	㊾過磅站戳記,簽字	㊵
				㊶
				㊷
				㊸
				㊹

(3)國際鐵路聯運運單正面的填製說明

① 發貨人及通信地址

填寫發貨人、姓名及其通信地址。發貨人只能是一個自然人或法人。發貨人名稱可為發貨人姓名或發貨人單位完整名稱。由中、朝、越發貨時,准許填寫這些國家規定的發貨人及其通信地址的代號。

② 合同號碼

發貨人應在該欄內填寫出口單位和進口單位簽訂的供貨合同號碼。如供貨合同有兩個號碼,則發貨人在該欄內填寫出口單位合同號碼,進口單位合同可填寫在第⑥欄內。

③ 發站

填寫運價規程中所載的發站全稱;由朝鮮運送貨物時,還應註明發站的數字代號(如咸興為 3-521)。

④ 發貨人的特別聲明

發貨人可在本欄中填寫自己的說明,例如對運單的修改、易腐貨物的運送方法等。

⑤收貨人及通信地址

填寫收貨人名稱及通信地址。收貨人只能是一個自然人或法人。收貨人名稱可為收貨人姓名或收貨單位完整名稱。必要時,收貨人可指定在收貨人的專用線或專用鐵路交貨。往中、朝、越發貨時,准許填寫這些國家規定的收貨人及其通信地址的代號。

⑥ 對鐵路無約束效力的記載

發貨人可以在本欄填寫有關本批貨物的記載,僅供收貨人參考,鐵路對此不承擔任何義務和責任,如「運送用具(或空容器)應予返還」。

⑦ 通過的國境站

說明貨物應通過的發送國和過境國的出口國境站。如有可能從一個出口國境站通過鄰國的幾個進口國境站辦理貨物運送,則還應註明運送所要通過的進口國境站。

⑧ 到達路和到站

在斜線之前,應註明到達路的簡稱,在斜線之後,應用印刷體字母(中文用正楷粗體字)註明運價規程中所載的到站全稱。運往朝鮮的貨物,還應註明到站的數字代碼(如平壤為 1-030)。

第⑨—⑪各欄的一般說明：

在第⑨—⑪各欄內填寫事項時，可不受各欄間豎線的嚴格限制。但是，有關貨物事項的填寫順序，應嚴格符合條例各項的排列順序。填寫全部事項時，如篇幅不足，應添附補充清單，並在有關欄內記載：「記載事項見補充清單」。

⑨記號、標記、號碼

填寫每件貨物上的記號、標記、號碼。

⑩包裝種類

註明貨物的包裝種類（如「木箱、紙箱、鐵桶」等）；使用集裝箱運送貨物時，註明「集裝箱」字樣，並在下面用括號註明裝入集裝箱內貨物的包裝種類。

如貨物運送時不需要容器或包裝，並在托運時未加容器和包裝，則應記載：「無包裝」。

⑪貨物名稱

貨物名稱應符合《國際貨協》第 7 條第 8 項的規定，包括：「危險貨物須按《國際貨協》附件第 2 號的規定；過境貨物須按《統一貨價》品名表的規定；其他貨物或按運送該批貨物適用的發送路、到達路或直通運價規程品名表的規定，或按貿易上通用的名稱填寫。」

⑫件數

註明一批貨物的數量；使用集裝箱運送貨物，註明集裝箱數，並在下面用括號註明裝入所有集裝箱內的貨物總件數。

如用敞車類貨車運送不蓋篷布而未加封的貨物，當總件數超過 100 件時，則註明「堆裝」字樣，不註明貨物件數。

運送小型無包裝製品時，亦註明「堆裝」字樣，不註明件數。

⑬發貨人確定的重量（公斤）

註明貨物的總重量。用集裝箱和托盤或使用其他運送用具運送貨物時，註明貨物重量、集裝箱托盤或其他用具的自重和總重。對於大噸位集裝箱，應分別記載每箱的貨物重量、集裝箱自重和總重。運送空集裝箱時，記載集裝箱自重。

⑭共計件數（大寫）

用大寫填寫第⑫欄（件數）中所記載的件數，即貨物件數或記載「堆裝」字樣，而發送集裝箱貨物時，註明第⑫欄括號中記載的裝入集裝箱內的貨物總件數。

⑮共計重量（大寫）

由發貨人用大寫填寫⑬欄中所記載的總重量。

⑯發貨人簽字

發貨人應簽字證明列入運單中的所有事項正確無誤。發貨人的簽字可用印刷的方法或加蓋戳記辦理。

⑰互換托盤

本欄的記載事項僅與互換托盤有關。註明托盤互換辦法，並分別註明平式托盤和箱式托盤的數量。

⑱種類、類型

在發送集裝箱貨物時，應註明集裝箱的種類和類型。使用運送工具時，應註明運送工具的種類。

⑲所屬者及號碼

運送集裝箱時,應註明集裝箱所屬記號和號碼。不屬鐵路的集裝箱,應在號碼之後註明大寫拉丁字母「P」。

使用運送工具時,應註明運送工具可能有的所屬記號和號碼。不屬鐵路的運送工具,應註明字母「P」。

⑳發貨人負擔下列過境鐵路的費用

註明根據《國際貨協》第15條由發貨人負擔過境路費用的過境路簡稱。如發貨人不負擔任一過境路的費用,則發貨人應記載「無」字樣。

在數字編碼欄內按照貨物運送的先後順序,填寫發貨人所指出的過境路的編碼。

㉑辦理種別

辦理種別分為:整車、零擔;大噸位集裝箱。不需要者劃掉。

㉒由何方裝車

發貨人應在運單該欄註明由誰裝車。不需要者劃掉。

㉓發貨人添附的文件

註明發貨人在運單上添附的所有文件。

㉔貨物的聲明價格(瑞士法郎)

用大寫註明以瑞士法郎表示的貨物價格。

㉕批號

填寫貨物批號。

㉖海關記載

本欄供海關記載之用。

第㉗—㉚欄的一般說明:

這些欄用於記載使用車輛的事項,只在運送整車貨物時填寫。是發貨人還是鐵路部門填寫由何方裝車而定。

㉗車輛

註明車種、車號和所屬路簡稱。如車輛上無車種標記,則按發送路現行的國內規章填寫車種。如車輛上有12位數碼,則不填寫上述事項,而應填寫其全部數碼。

㉛換裝後的貨物重量

貨物換裝後每輛車的貨物重量應分別記載。

㉜鐵路確定的重量(公斤)

註明鐵路確定的貨物重量。

㉝—㊹數字編碼欄

各欄供鐵路記載事項之用。

㊺封印個數和記號

關於封印個數和記號,視何方施封而定由發站或發貨人填寫。填寫車輛或集裝箱上施加的封印個數和所有記號。

㊻發站日期戳

在貨物承運後,發站在運單的所有各張和補充運行報單上加蓋發站日期戳,作為簽訂運輸合同的憑證。如承運的貨物在發送前需要預先保管,則在發站日期戳下記載:×年×月 ×日簽字證明。

㊼到站日期戳

填法類似於第㊻欄。

㊽確定重量方法

註明確定貨物重量的方法，例如：「按標準重量」。

如由發貨人確定重量，則發貨人還應在本欄內註明關於確定貨物重量的方法。

第㊾、㊿欄照實填寫。

(4)國際鐵路聯運運單填寫範例

製單資料：

賣方：SICHUAN HUIYUAN IMP AND EXP CO LTD

17F. GUOXING BUILDING，NO. 88 BABAO ROAD，CHENGDU，PR. CHINA 610031

四川匯源進出口公司

買方：MEKONG AUTO CORPORATION，COLOA AUTO PLANT

湄公汽車公司直屬 COLOA 汽車廠

運輸號碼：FB08－0059

合同編號：HYCL0301

發站：CHENGDU DONG STATION　　成都東站

到達路和到站：

YIEN VIEN STATION/VIETNAM　　越鐵/宏員

通過的國境站：

PINGXIANG－DONGDANG　　憑祥—同登

車輛號：7623451

標記載重(噸)：60 噸

記號、標記、號碼：N/M

貨物：

COMPLETE SETS OF ASSEMBLES CHUANLU AGRICUTURAL TRUCK WITH HY-DRAULIC SYSTEM 12 UNITS TYPE CGC4020CD 8 UNITS CGC5820CD

包裝種類：BOXES

件數：696

發貨人確定的重量(公斤)：57,000.00

發貨人不負擔過境鐵路的費用

委託中外運憑祥公司辦理轉關

所屬者及號碼：P/TBJU9865731

辦理種別：整車

由鐵路裝車

封印 1 個，記號：P13586

表 7－2　　　　　　　　　　　　　鐵路運單正本
　　　　　　　　　　　　　　　　　（給收貨人）

		㉕批號 （檢查標籤）	②運輸號碼 FB08－0059 合同編號 HYCL0301	
發送路簡稱 中鐵 ①	①發貨人及通信地址 SICHUAN HUIYUAN IMP AND EXP CO LTD 17F. GUOXING BUILDING, NO. 88 BABAO ROAD, CHENGDU, PR. CHINA 610031 四川匯源進出口公司	③發站　CHENGDU DONG 成都東站		
		④發貨人的特別聲明 無		
	⑤收貨人及通信地址 MEKONG AUTO CORPORATION, COLOA AUTO PLANT 湄公汽車公司直屬 COLOA 汽車廠	㉖海關記載 委託中外運憑祥公司辦理轉關		
⑥對鐵路無約束效力的記載		㉗車輛　㉘標記載重(噸)　㉙軸數 ㉚自重　㉛換裝後的貨物重量		
⑦通過的國境站 PINGXIANG－DONGDANG 憑祥—同登		㉗ 7623451	㉘ 60	㉙	㉚	㉛
⑧到達路和到站 YIEN VIEN STATION/VIETNAM 越鐵/宏員						
國際貨協運單 慢運	⑨記號、標記、號碼 N/M	⑩包裝種類 BOXES	⑪貨物名稱 COMPLETE SETS OF ASSEMBLES CHUANLU AGRICUTURAL TRUCK WITH HYDRAULIC SYSTEM 12UNTIS TYPE CGC4020CD 8UNITS CGC5820CD	㊿附件第 2 號	⑫件數 696	⑬發貨人確定的重量(公斤) 57,000.00	㉜鐵路確定的重量(公斤)
⑭共計件數(大寫) 陸佰玖拾陸件		⑮共計重量(大寫) 伍萬柒仟公斤 集裝箱/運送用具		⑯發貨人簽字		
⑰互換托盤		⑱種類 類型		⑲所屬者及號碼 P/TBJU9865731		

表 7-2(續)

⑳發貨人負擔下列過境鐵路的費用 無	㉑辦理種別 整車 零擔 大噸位集裝箱		㉒由何方裝車	
			發貨人	鐵路
	㉔貨物的聲明價格(瑞士法郎)			
	㊺封印		㉝	
			㉞	
			㉟	
㉓發貨人添附的文件	個數 1	記號 P13586	㊱	
			㊲	
			㊳	
			㊴	
㊻發站日期戳	㊼到站日期戳	㊽確定重量方法	㊾過磅站戳記,簽字	㊵
				㊶
				㊷
				㊸
				㊹

3. 國際聯運出口貨物國境站交接的一般程序

國境站除辦理一般車站的事務外,還辦理國際鐵路貨物聯運、車輛和列車與鄰國鐵路的交接、貨物的換裝或更換輪對、票據文件的翻譯及貨物運費用的計算與復核等項工作。現將出口貨物在國境站交接的一般程序簡述如下:

(1)出口國境站貨運調度根據國內前方站列車到達預報,通知交接所和海關做好接車準備工作;

(2)出口貨物列車進站後,鐵路會同海關接車,並將列車隨帶的運送票據送交接所處理,貨物列車接受海關的監督和檢查;

(3)交接所實行聯合辦公,由鐵路、海關、外運等單位參加,並按照業務分工,流水作業、協同工作。鐵路主要負責整理、翻譯運送票據,編製貨物和車輛交接單,作為向臨國鐵路辦理和我方車輛交接的原始憑證。外運公司主要負責審核貨運單證,糾正出口貨物單證差錯,處理錯發錯運事故。海關則根據申報,經查驗單、證、貨相符,符合國家法令、政策的規定,即準予解除監督、驗關放行。最後由雙方鐵路具體辦理貨物和車輛的交接手續,並簽署交接證件。

4. 國際聯運出口貨物的交付

在出口貨物裝車發送並到達站後,鐵路應通知運單中所記載的收貨人領取貨物。在收貨人付清運單中所記載的一切應付運送費用後,鐵路必須將貨物連同運單交付給貨人。收貨人必須支付運送費用並領取貨物。收貨人只在貨物毀損或腐爛而使質量發生變化,以致部分和我方全部貨物不能按原用途使用時,才可以拒絕領取貨物。收貨人領取貨物時,應在運行報單中填記貨物領取日期,並加蓋收貨戳記。

(二)國際鐵路貨物聯運進口貨物運輸

國際鐵路聯運進口貨物的發運工作是聯運進口貨物的首要環節。該項工作由國外

發貨人根據合同規定向該國鐵路車站辦理。

　　根據《國際貨協》規定，中國從有關參加《國際貨協》國家的鐵路聯運進口貨物，國外發貨人向其鐵路辦理托運時，一切手續和規定均按《國際貨協》和各國國內規章辦理。

　　中國國內有關訂貨及運輸部門對聯運進口貨物的運輸工作主要包括：聯運進口貨物在發運前應編製運輸標誌，審核聯運進口貨物的運輸條件，向國境站寄送合同資料，國境站的交接、分撥，進口貨物交付給收貨人以及運到逾期計算等工作。其流程圖如下：

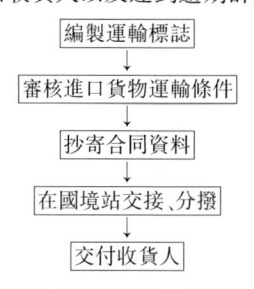

```
┌──────────────┐
│  編製運輸標誌  │
└──────┬───────┘
       ↓
┌──────────────────┐
│ 審核進口貨物運輸條件 │
└──────┬───────────┘
       ↓
┌──────────────┐
│  抄寄合同資料  │
└──────┬───────┘
       ↓
┌──────────────────┐
│  在國境站交接、分撥 │
└──────┬───────────┘
       ↓
┌──────────────┐
│   交付收貨人   │
└──────────────┘
```

圖 7-2　國際鐵路貨物聯運進口貨物運輸業務流程圖

1. 聯運進口貨物運輸標誌的編製

　　運輸標誌又稱嘜頭（Mark），一般印在貨物外包裝上，按照中國規定，聯運進口貨物在訂貨工作開始前，由經貿部統一編製向國外訂貨的代號，作為「收貨人嘜頭」，分別通知各訂貨部門時使用，各進出口公司必須按照統一規定的收貨人嘜頭對外簽訂合同。

2. 審核聯運進口貨物的運輸條件

　　聯運進口貨物的運輸條件是合同中不可缺少的重要內容，因此必須認真審核，使之符合國際聯運和國內有關規章所規定的條件。

　　具體審核內容主要包括：收貨人嘜頭是否正確；商品品名是否準確具體；貨物的性質和數量是否符合到站的辦理種別；包裝是否符合有關規定。

3. 向國境站寄送合同資料

　　合同資料是國境站核放貨物的重要依據，各進出口公司在進行對外合同簽字後，要及時將一份合同中文抄本寄給貨物進口口岸的外運分支機構。對於由外運分支機構接受分撥的小額訂貨，必須抄寄合同的同時，按合同內容添附貨物分類表。

　　合同資料包括：合同中的文本抄本和它的附件、補充書、協議書、變更申請書、更改書和有關確認函電等。

4. 聯運進口貨物在國境站的交接與分撥

　　聯運進口貨物的交接程序與出口貨物的交接程序基本相同。其做法是：進口國境站根據臨國國境站貨物列車的預報和確報，通知交接所及海關做好到達站列車的檢查準備工作。進口貨物列車到達後，鐵路會同海關驗車，由雙方鐵路進行票據交接，然後將車輛交接單及隨車帶交的貨運票據交交接所，交接所根據交接單辦理貨物車輛的現場交接。海關則對貨物列車執行實際監管。

　　中國進口國境站交接所通過內部聯合辦公做好單據核放、貨物報關驗關工作，然後由鐵路方負責將貨物調往換裝線，進行換裝作業，並按流向編組向國內發運。

二、國際聯運運送費用的計算

　　計算國際聯運貨物運送費用的主要依據是《統一貨價》和國內的《鐵路貨物運價規

則》(簡稱為《國內價規》)。《統一貨價》是計算過境鐵路運送費用的依據,《鐵路貨物運價規則》是計算中國進出口貨物從國境站(或發站)至到站(國境站)運送費用的依據。

國際聯運貨物運送費用包括運費、裝卸費、口岸換裝費、雜費、押運人乘車費和其他有關費用。

(一)計算國內段貨物運輸費用的程序

對於中國的國際聯運進出口貨物,國內段貨物運輸費用在《國內價規》查出運費率,程序如下:

(1)按《貨物運價里程表》計算出發站至出口國境站間的運價里程,加上國境站至國境線間的距離。

(2)根據國際聯運單上填寫的貨物品名查找《鐵路貨物運輸品名分類與代碼表》,確定適用的運價號。在規定有特定運價時,按特定運價辦理。

(3)整車和零擔貨物按適用的運價號,集裝箱貨物根據箱型,冷藏車貨物根據車種分別在《鐵路貨物運價率表》中查出適用的發到基價和運行基價。

(4)貨物適用的發到基價,加上運價基價與貨物的運價里程相乘之積,再與計費重量(集裝箱為箱數)相乘,算出運費。

(二)國內鐵路運費的計算公式

1. 國內鐵路運費的計算公式

(1)基本費率的計算

①整車貨物運費 = $\begin{cases}(發到基價 + 運行基價 \times 運價里程) \times 計費重量 \\ (運價基價 \times 運價里程數) \times 軸數\end{cases}$

其中:

每噸運價 = 發到基價 + 運價基價 × 運價里程

每軸運價 = 運價基價 × 運價里程

②零擔貨物運費 = 10kg 運價 × 計費重量 ÷ 10

其中:10kg 運價 = 發到基價 + 運行基價 × 運行里程

③集裝箱運費 = 每箱運價 × 箱數

其中:每箱運價 = 發到基價 + 運行基價 × 運行里程

根據運費核算程序並綜合運費計算公式,在計算運費時可用下述表達式:

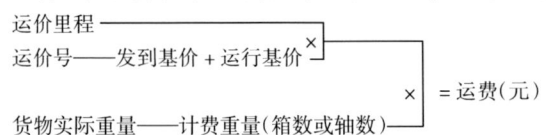

运价里程 ─────┐
运价号 ── 发到基价 + 运行基价 ┤ × = 运费(元)
货物实际重量 ── 计费重量(箱数或轴数)┘

(2)加價程運費計算

例如京九線黃村至龍川、津霸線、橫麻線需加收運費,因此運費由兩部分組成:

①按《價規》規定的運價率核收的運費;

②加收運費的運價率。

計算時,先將這兩部分的運價率相加,再乘以貨物的計費重量,即:

發到運費 = 發到基價 × 計費重量(或箱數)

運行運費 = [(發到基價 + 運價基價 × 運價里程) × 計費重量] × (1 + 運費加價率)

(3)尾數處理

計算出的每批貨物的運費尾數不是 1 角時,按四捨五入處理。

2. 整車貨物的運費

(1)計費重量

整車貨物的計費重量,以噸為單位,噸以下四捨五入。

(2)整車貨物的計費重量

① 經鐵路局批准使用礦石車、平車、沙石車裝運《分類表》中「01」、「0310」、「04」、「06」、「081」和「14」類貨物按 40 噸計費,超過時按貨物實際重量四捨五入計費。

②使用標準低於 50 噸的自備罐車裝運貨物時,按 50 噸計費,使用自備保溫車裝運貨物時,按 60 噸計算。

③標重不足 30 噸的家畜車,計費重量按 30 噸計算。

④鐵路配發計費重量的火車代替托運人要求計費重量低的貨車,如托運人無貨加裝,按托運人原要求車的計費重量計費。例如:托運人在某站托運化工機器設備一套,貨物重15.7 噸,托運人要求用 40 噸敞車裝運,經調度命令確認以一輛 50 噸敞車代用,托運人無貨加裝,則其計費重量按 40 噸計算。如有貨物加裝,如加裝 5 噸,則加裝後按 50 噸標重計費。

3. 零擔貨物的運費

(1)計費重量

零擔貨物的計費重量以 10kg 為單位,不足 10kg 進為 10kg,具體分三種情況計算重量。

① 按規定計費重量計費

零擔貨物有規定計費重量的貨物,按規定計費重量計費。

②按貨物重量計費

③按貨物重量和折合重量擇大計費

為保持零擔貨物運價與整車貨物運價之間合理的比價關係,避免貨物運輸中發生運費倒掛、化整為零的現象,除前述兩項特殊規定外,凡不足 300kg/立方米的輕泡零擔貨物均按其體積折合重量與貨物重量擇大確定計費重量。

折合重量 = 300 × 體積(kg)

貨物長、寬、高的計算單位為米,小數後取兩為小數(以下四捨五入)。體積的計算單位為立方米,保留兩位小數,第三位小數四捨五入。

例如:某站發送一批零擔貨物,重 225 公斤,體積為 0.82 立方米,在確定計費重量時,其折合重量 = 300 × 0.82 = 246 公斤。因此計費重量應為 250 公斤。

(2)零擔貨物運費計算

零擔貨物每批的起碼運費,發到運費為 1.60 元,運行運費為 0.40 元。

運價率不同的零擔貨物在一個包裝內或按總重量托運時,按該批或該項貨物運價率高的計費。

4. 鐵路貨運雜費

雜費的種類如下:

(1)使用冷藏運輸貨物的雜費;

(2)使用鐵路專用貨車運輸貨物,除核收運費外,還應收取專用貨車使用費;

(3)使用長大貨物車(D 型車)運輸貨物的雜費;

(4)國際間不同軌距軌間整車貨物直接運輸的換裝費；

(5)運輸里程在250公里以上的貨物,核收貨車中轉作業費；

(6)派有押運人押運的貨物,該收押運人乘車費；

(7)承運人發現托運人匿報、錯報貨物品名填寫運單,致使貨物運價減收或危險貨物匿報、錯報貨物品名按普通貨物運輸時,按此核收全程正當運費兩倍的違約金,不另收運費差額。

其他費用包括:

(1)鐵路建設基金；

(2)鐵路電氣化附加費；

(3)新路新價均攤運費；

(4)加價運費、印花稅。

5. 計算實例

一整車(60噸)機械設備貨物(本項設備為超限超高貨物)從膠州運到阿拉山口,計算它的運費。

(1)整車(按標記載重60噸)貨物每噸運價 = 發到基價 + 運行基價×運價公里。機械設備為8號運價,8號運價的發到基價為¥10.70/T,運行基價為¥0.049/T.KM,全部運價里程為4,770公里,減去北疆里程460公里,等於4,310公里。本項設備為超限貨物,又因重心位置超高,所以運費加價150%。

運費(膠州—烏魯木齊西)計算:

(10.7×60 + 0.049×4,310×60)×(1 + 1.5) = ¥33,283.5

(2)北疆鐵路(烏魯木齊西—阿拉山口)為地方合資鐵路,運價里程為460公里,享有單獨運價,為¥92/T。

92×60 = ¥5,520

(3)鐵路建設基金核收

所有在國鐵上行駛的車輛貨物,均應核收鐵路建設基金,整車貨物核收¥0.033/T.KM。

北疆鐵路實行特種運價,不再核收建設基金。

0.033×4,310×60 = ¥8,533.80

(4)新路新價均攤運費核收

國家規定:對新路新價均攤收費,整車貨物核收¥0.0011/T.KM。

虢鎮—迎水橋為核收均攤運費的營運線,里程為502公里。

0.0011×502×60 ≈ ¥33.13

(5)鐵路電氣化附加費

國家對於電氣化鐵路實施核收電氣化附加費,即按所經徑路的電氣化鐵路里程核收。整車貨物的電氣化附加費為¥0.012/T.KM。

本路徑中有電氣化鐵路6段,共628公里。

0.012×628×60 = ¥452.16

所以,本票貨物的運費總額合計為:

¥33,283.5 + ¥5,520 + ¥452.16 + ¥33.13 + ¥8,533.80 = ¥47,822.59

表 7-3　　　　　　　　　　　鐵路貨物運價率表

辦理類別	運價號	基價1 單位	基價1 標準	基價2 單位	基價2 標準
整車	1	元/噸	4.60	元/噸公里	0.0235
	2	元/噸	5.60	元/噸公里	0.0273
	3	元/噸	6.70	元/噸公里	0.0324
	4	元/噸	7.30	元/噸公里	0.0348
	5	元/噸	8.30	元/噸公里	0.0401
	6	元/噸	8.70	元/噸公里	0.0431
	7	元/噸	11.60	元/噸公里	0.0581
	8			元/軸公里	0.1783
	冰保	元/噸	8.30	元/噸公里	0.0466
	機保	元/噸	9.80	元/噸公里	0.0686
零擔	21	元/10千克	0.087	元/10千克公里	0.000,376
	22	元/10千克	0.104	元/10千克公里	0.000,449
	23	元/10千克	0.125	元/10千克公里	0.000,537
	24	元/10千克	0.150	元/10千克公里	0.000,642
集裝箱	1噸箱	元/箱	7.40	元/箱公里	0.033,56
	10噸箱	元/箱	86.20	元/箱公里	0.391,04
	20英尺箱	元/箱	161.00	元/箱公里	0.730,40
	40英尺箱	元/箱	314.70	元/箱公里	1.430,90

註：整車貨物每噸運價＝基價1＋基價2×運價公里
　　零擔貨物每10千克運價＝基價1＋基價2×運價公里
　　集裝箱貨物每箱運價＝基價1＋基價2×運價公里
　　整車農用化肥基價1為4.20元/噸、基價2為0.0213元/噸公里

(三)過境運送費用的計算

1. 計算過境運送費用的程序

國際鐵路聯運貨物運雜費按照《統一貨價》計算，計算程序如下：

(1)在《統一貨價》「過境里程表」中分別查找運送貨物所通過各個國家鐵路的過境里程。

(2)在《統一貨價》「貨物品名和分等表」中，確定所運貨物適用的運價等級和計費重量標準。

(3)在《統一貨價》「通過參加統一貨價鐵路慢運貨物運費計算表」中，根據運價等級和各過境運送里程，找出相應的運價率。在此表中，1等、2等貨物系每100公斤的運費；3等為自輪運轉貨物，系指每軸的運費。貨幣以分為單位，每100分合1瑞士法郎。

2. 過境運輸費用計算和核收應注意的問題

（1）《統一貨價》對過境貨物運費的計算，是以慢運整車貨物的運費額為基礎，按快運辦理的貨物和隨旅客列車掛運的整車貨物、零擔貨物，則按上述辦法計算出運費後，再分別乘以100%、200%、50%加成率，即為該批貨物的過境運費。超限貨物加成100%。

（2）整車貨物按照貨物實際重量計算，但不得少於規定的計費重量：1等貨物——20噸，2等貨物——30噸。例如，焦炭在貨物品名表中屬於第27類4項，過境運價等級為2級，計費重量為16噸；如果實際裝載貨物35噸，則計算重量為35噸；如果實際裝載貨物15噸，則計算重量為30噸。

（3）如果在貨物品名分等表中「計費重量標準」欄內記載為「標重」，則運費按貨物實際重量（但不得少於發送路車站所撥給的車輛標準載重量）計算核收。標準重量即車輛上標記的載重量。如果車輛上有兩個標記，則以較少的載重量作為標準載重量。

（4）如果所撥給的車輛的載重量少於貨物分類表所載的計費重量標準，則運費按實際重量（但不得少於所撥給的車輛標準載重量）計收。

（5）如果在國境站將規定按車輛載重量（標準）計算的貨物，從一種軌距的一輛或數輛車換裝到另一種軌距的一輛或數輛車內，並且接送車輛的載重量少於發站車站所撥給的一輛或數輛的載重量，則運費按照換裝後的一輛或數輛車的總載重量計收。

（6）零擔貨物按照貨物的實際重量計算。但如果數種貨物包裝為一件，則根據總重量和其中最高運價等級的費率加50%計算。

（7）對於國際聯運費的計算與核收，由於各國計算、收費的變化，特別是由參加國的貨運代理（或運費代理）與貨主結算，在實際操作中所產生的各種雜費與實際運費出入較大。如到俄羅斯的運輸稅占代理保價的很大比例，特別是過境中亞到西歐的貨物，甚至按貨值比例收運輸過境稅，其總雜費與運費不相上下，甚至高於運費。

3. 計算公式

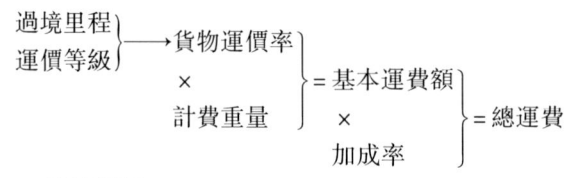

$$\left.\begin{array}{c}\text{過境里程}\\\text{運價等級}\end{array}\right\} \rightarrow \text{貨物運價率} \atop \left.\begin{array}{c}\text{貨物運價率}\\ \times \\ \text{計費重量}\end{array}\right\} = \text{基本運費額} \atop \left.\begin{array}{c}\text{基本運費額}\\ \times \\ \text{加成率}\end{array}\right\} = \text{總運費}$$

4. 計算舉例

蒙古國一公司從日本購買了一批重58噸的鋼管，從日本經過海運到中國天津新港，然後過境中國鐵路從二連運到蒙古。此批貨物按裝一個敞車運送，通過中國鐵路的過境運送費用為：

天津新港至二連站的過境運價里程為993公里，鋼管為37類1級，按實際重量計算。運價率為4.58瑞士法郎/100公斤。

運費 = 4.58 × 58,000 ÷ 100 × 0.5 = 1,328.2 瑞士法郎（整車貨物一等的計算系數為0.5）

折合人民幣 = 5.2 × 1,328.2 = 6,906.64（元）

以上費用僅為鐵路過境運費，未包括港口作業費、車站雜費及裝卸費、關檢費、口岸建設費以及其他代理費或相關費用。

貨物換裝在蒙古國扎門烏德站進行，故未包括換裝費。如從蒙古國進入過境中國鐵

路到港口或國境站,應計算在二連車站的換裝作業費。

表 7-4　　　　通過參加統一貨價鐵路慢運貨物運費計算表

里程	1級	2級	3級	里程	1級	2級	3級
405－414	189	95	2024	1055－1064	489	246	5232
415－424	194	98	2073	1065－1074	494	248	5282
425－434	198	99	2123	1075－1084	498	251	5331
435－444	203	102	2172	1085－1094	503	252	5381
445－454	207	104	2223	1095－1104	507	255	5430
455－464	212	107	2271	1105－1114	512	257	5480
465－474	216	108	2321	1115－1124	516	260	5529
475－484	221	111	2370	1125－1134	521	261	5579
485－494	225	113	2420	1135－1149	527	264	5639
495－504	230	115	2469	1150－1249	554	278	5925
505－514	234	117	2519	1250－1349	599	300	6417
515－524	239	120	2568	1350－1449	647	323	6911
525－534	246	122	2618	1450－1549	692	347	7406
535－544	251	125	2667	1550－1649	738	369	7898
545－554	255	126	2717	1650－1749	783	392	8391
555－564	260	129	2766	1750－1849	831	414	8886
565－574	264	131	2813	1850－1949	876	440	9378
575－584	269	134	2862	1950－2049	923	462	9873
585－594	273	135	2912	2050－2149	968	485	10367
595－604	278	138	2961	2150－2249	1013	507	10859
605－614	282	140	3011	2250－2349	1061	530	11354
615－624	287	143	3060	2350－2449	1106	554	11847
625－634	291	144	3110	2450－2549	1152	576	12342
635－644	296	149	3159	2550－2649	1197	599	12834
645－654	300	152	3209	2650－2749	1245	621	13328
655－664	302	153	3258	2750－2849	1290	647	13823
665－674	309	156	3308	2850－2949	1337	669	14315
675－684	314	158	3357	2950－3049	1382	692	14808
685－694	318	161	3407	3050－3149	1430	714	15303
695－704	323	162	3456	3150－3249	1475	738	15795

表 7-4(續)

里程	1級	2級	3級	里程	1級	2級	3級
705－714	327	165	3506	3250－3349	1521	761	16290
715－724	333	167	3555	3350－3449	1566	783	16784
725－734	336	170	3603	3450－3549	1614	806	17276
735－744	342	171	3653	3550－3649	1659	813	17771
745－754	347	174	3702	3650－3749	1706	854	18264
755－764	351	176	3752	3750－3849	1751	876	18756
765－774	356	179	3801	3850－3949	1799	899	19251
775－784	350	180	3851	3950－4049	1844	923	19745
785－794	365	183	3900	4050－4149	1889	945	20245
795－804	369	185	3950	4150－4249	1935	968	20732
805－814	374	188	3999	4250－4349	1980	990	21225
815－824	378	189	4049	4350－4449	2028	1013	21720
825－834	383	192	4098	4450－4549	2073	1038	22212
835－844	387	194	4148	4550－4649	2120	1061	22706
845－854	392	197	4197	4650－4749	2165	1083	23201
855－864	396	198	4247	4750－4849	2213	1106	23693
865－874	401	201	4296	4850－4949	2258	1130	24188
875－884	405	203	4346	4950－5049	2304	1152	24681
885－894	410	206	4392	5050－5149	2349	1175	25173
895－904	414	207	4442	5150－5249	2397	1197	25668
905－914	419	210	4491	5250－5349	2442	1223	26162
915－924	423	212	4541	5350－5449	2489	1245	26657
925－934	428	215	4590	5450－5549	2534	1268	27149
935－944	432	216	4640	5550－5649	2582	1290	27642
945－954	440	219	4689	5650－5749	2627	1314	28137
955－964	444	221	4739	5750－5849	2673	1337	28629
965－974	449	224	4788	5850－5949	2718	1359	29123
975－984	453	255	4838	5950－6049	2766	1382	29618
985－994	458	228	4887	6050－6249	2822	1412	30234
995－1004	462	230	4937	6250－6400	2903	1452	31098

表 7-4(續)

里程	1級	2級	3級	里程	1級	2級	3級
1005-1014	467	233	4986	6401-6600	2996	1497	32085
1015-1024	471	234	5036	6601-6800	3087	1544	33071
1025-1034	476	237	5085	6801-7000	3180	1589	34059
1035-1044	480	239	5135	7001-7200	3272	1637	35046
1045-1054	485	242	5183	7201-7400	3365	1682	36035

註：1、2級的單位為分/100千克；3級的單位為分/軸。

第二節　國際多式聯運業務流程

一、概述

(一)概念

一般而言,國際多式聯運是指按照國際多式聯運合同,以至少兩種不同的運輸方式,由多式聯運經營人將貨物從一國境內接管貨物的地點運至另一國境內指定交貨地點。為履行單一方式貨物運輸合同所規定的貨物接送業務,則不應視為國際多式聯運。

(二)特點

國際多式聯運具有以下特點：

(1)國際多式聯運全程運輸中至少是兩種不同運輸方式的國際間連貫運輸；

(2)發貨人與多式聯運經營人之間必須有一份多式聯運合同；

(3)國際多式聯運必須使用一份包括全程的多式聯運單據,並按單一運費率計收全程運費；

(4)國際多式聯運必須由一個多式聯運經營人對貨物運輸的全程負責；

(5)國際多式聯運在運輸過程中一般以集裝箱作為運輸的基本單元,現代集裝箱運輸與國際多式聯運的發展緊密相連。

(三)多式聯運主要業務及程序

多式聯運經營人從事多式聯運業務時,大致經過以下業務環節：接受多式聯運申請,訂立多式聯運合同──空箱發放、提取及運輸──出口報關──貨物裝箱及接受貨物──向實際承運人訂艙及安排貨物運送──辦理貨物保險──簽發多式聯運提單,組織完成貨物的全程運輸──辦理運輸過程中的海關業務──貨物交付──貨物事故處理等。

國際多式聯運的基本方式有多種,我們在這裡主要學習和把握海鐵聯運。

二、海鐵聯運業務流程

海鐵聯運涉及的政府部門和企事業單位較多,其操作流程如圖 7-3 所示：

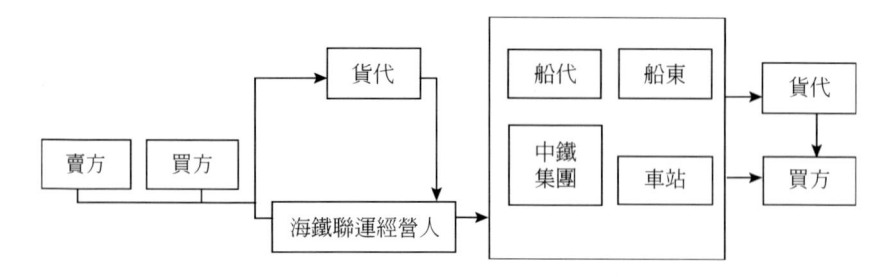

圖 7-3　海鐵聯運流程圖

(一) 賣方向貨代提出運輸委託

買賣雙方在簽訂貿易合同後,如果運輸條款規定由賣方負責運輸安排,則賣方在備好貨後,向貨運代理提出運輸委託;如果運輸條款規定由買方負責運輸安排,則此項工作由買方負責。

通常情況下,賣方還可以委託貨運代理辦理報關、報驗等手續。

(二) 貨運代理向海鐵聯運經營人進行運輸委託

貨運代理在確認賣方運輸委託之後,書面向海鐵聯運經營人進行委託,填寫《海鐵聯運托運單》。委託後,貨運代理需按照海鐵聯運經營人的要求將貨物運到指定的鐵路貨運站,海鐵聯運經營人在現場或委託貨運站核對貨物收貨。

(三) 海鐵聯運經營人履行運輸責任

海鐵聯運經營人同鐵路運輸公司和船公司或其代理分別簽署合同,並做好有關銜接安排,保證貨物及時運到海運提單列明的交貨地點。

(四) 海鐵聯運經營人做好進口安排

在貨物抵達港口之前,海鐵聯運經營人根據海運提單向船公司諮詢貨物到港的確切時間,提前做好貨物抵港的準備工作。如果貨物的最終目的地是港口,海鐵聯運經營人應憑藉海運提單將貨物及時運到自己海關監管的集裝箱堆廠,通知買方及時提貨。如果貨物的最終目的地是內陸,海鐵聯運經營人應及時辦理轉關手續。

(五) 辦理提貨手續

買方在收到海鐵聯運經營人的提貨通知後,可委託進口地的貨運代理到海鐵聯運公司辦理提貨手續,但買方須提供全部有效單據,包括貿易合同、商業發票、各種檢驗證書、提單正本等。

以上是通常情況下海鐵聯運貨物的全部過程。但在實際業務中,貨運代理、船公司、鐵路運輸公司常常充當海鐵聯運經營人。如果貨運代理作為海鐵聯運經營人,實際業務流程表現為「賣方──→海鐵聯運經營人──→買方」;如果由船公司或鐵路運輸公司充當海鐵聯運經營人,實際業務流程表現為「賣方──→貨運代理──→海鐵聯運經營人──→貨運代理──→買方」。

三、海鐵聯運的進出口業務及程序

因現在國際多式聯運在運輸過程中一般以集裝箱作為運輸的基本單元,因此接下來重點介紹國際集裝箱海鐵(或鐵海)聯運的進出口業務及程序。

(一) 國際集裝箱鐵海多式聯運出口業務程序

以下為 CIF 條件下國際集裝箱鐵海多式聯運出口業務基本程序,如圖 7-4 所示:

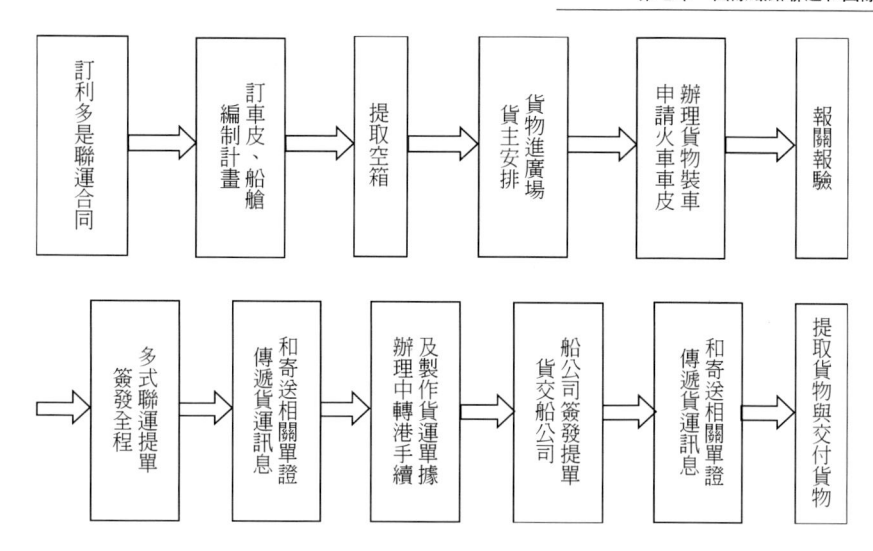

```
訂立多式聯運合同 → 訂車皮、船艙編制計畫 → 提取空箱 → 貨主安排貨物進廣場 → 申請火車車皮辦理貨物裝車 → 報關報驗

→ 簽發全程多式聯運提單 → 傳遞貨運訊息和寄送相關單證 → 辦理中轉港手續及製作貨運單據 → 船公司簽發提單貨交船公司 → 傳遞貨運訊息和寄送相關單證 → 提取貨物與交付貨物
```

圖7-4 集裝箱鐵海多式聯運出口業務基本程序

1. 接受託運申請,訂立多式聯運合同

內地托運人向多式聯運經營人或其在內地口岸代理申請訂艙,多式聯運經營人或其在內地口岸代理根據貨方提出的訂艙申請並結合自己的運輸路線等情況訂立多式聯運合同。

2. 編製計劃,向鐵路部門、船公司訂車、訂艙

多式聯運經營人或其代理在合同訂立後,根據運輸任務,編製月計劃和日計劃,按時向鐵路部門申報訂車計劃,向船公司訂艙,並通知托運人安排貨運事宜。

3. 提取空箱

除貨主自備箱外,實際業務中大多使用多式聯運經營人的箱子或船公司的箱子。多式聯運經營人應根據實際裝箱的地點和空箱存放情況確定提取空箱的方式。

4. 貨主安排貨物進庫場

在收到進貨信息後,對於裝箱點裝箱的貨物,貨主自行或委託代理安排汽車等運輸工具將貨運至裝箱點,以便裝箱點裝箱。

5. 申請火車車皮,辦理貨物裝車

多式聯運經營人或其代理根據日計劃,填寫鐵路運單,向鐵路部門申請車皮,辦理集裝箱裝車事宜。

6. 報關報驗

多式聯運經營人根據托運人交付的托運書、買賣合同、發票等報關單證,在內地口岸海關辦理轉關運輸,取得海關批准後,將海關關封交付鐵路部門。

7. 簽發全程多式聯運提單

內地口岸托運人根據多式聯運經營人的指示將貨物交付鐵路部門並裝上鐵路集裝箱專列後,多式聯運經營人或其代理簽發多式聯運提單交付托運人。

8. 傳遞貨運信息和寄送相關單證

多式聯運經營人內地代理應將鐵路運單正本等相關單證寄送多式聯運經營人中轉港代理,將多式聯運提單副本寄送多式聯運經營人或其目的港代理,同時還應向有關方

傳遞有關集裝箱班列等相關信息。

9. 辦理貨物在中轉港的海關手續及製作貨運單據

多式聯運經營人中轉港代理根據內地代理提供的信息和收到的運單等單證製作出口單證,並辦理海關手續,將海關放行單證交交碼頭,以便接貨及裝船。

10. 貨交船公司,船公司簽發提單

多式聯運經營人海運出口地將海關放行的集裝箱裝上指定船舶後,船公司簽發海運提單,以便多式聯運經營人能在目的港憑此提取貨物。

11. 傳遞貨運信息和寄送相關單證

多式聯運經營人中轉港代理應將船舶的動態通知給多式聯運經營人、多式聯運經營人下一港代理、內地托運人,同時將提單等相關單證寄送下一港代理,以便憑此提貨。

12. 提取貨物與交付貨物

多式聯運經營人目的港代理憑藉正本提單從承運人或其代理處提取貨物,並根據收貨人交付的正本多式聯運提單將集裝箱交付收貨人。

(二)國際集裝箱海鐵聯運的進口業務程序

以下為 FOB 條件下國際集裝箱海鐵聯運進口業務基本程序,如圖 7-5 所示:

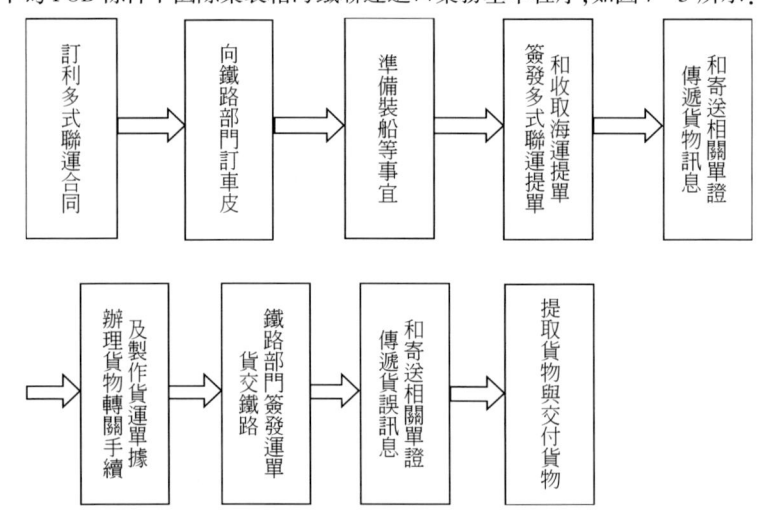

訂利多式聯運合同 → 向鐵路部門訂車皮 → 準備裝船等事宜 → 簽發和收取多式聯運提單 → 傳遞貨物訊息和寄送相關單證

→ 辦理貨物轉關手續及製作貨運單據 → 鐵路部門簽發運單貨交鐵路 → 傳遞貨誤訊息和寄送相關單證 → 提取貨物與交付貨物

圖 7-5　集裝箱海鐵多式聯運進口業務基本程序

1. 接受託運申請,訂立多式聯運合同

收貨人向多式聯運經營人或其內地口岸的代理申請訂艙,多式聯運經營人或其內地口岸的代理根據貨方提出的訂艙申請並結合自己的運輸路線等情況,訂立多式聯運合同。

2. 向鐵路部門、船公司訂車皮、訂艙

多式聯運經營人或其代理人在合同訂立後,分別向船公司和鐵路部門申請訂艙、訂車。

3. 收貨人通知托運人準備集裝箱裝船等事宜

收貨人根據從多式聯運經營人處獲得的信息,及時通知托運人安排貨物交付多式聯運經營人在裝運港的代理或多式聯運經營人指定的船公司。

4. 簽發全程多式聯運提單和收取海運提單

托運人將海關放行的集裝箱交付多式聯運經營人裝港代理,或根據其指示交付指定的船公司,多式聯運經營人或其代理應向托運人簽發全程多式聯運提單。同時,多式聯運經營人裝港代理應繕制場站收據、提單等,並將集裝箱交付船公司或其代理,船公司應向其簽發海運提單。

5. 傳遞貨物信息和寄送相關單證

多式聯運經營人裝港代理應將多式聯運提單副本寄交多式聯運經營人或其目的地代理,將海運提單寄送多式聯運經營人中轉港代理,並向有關方傳遞船舶動態等信息。

6. 辦理貨物在中轉港的轉關手續及製作貨運單據

多式聯運經營人中轉港代理根據上一港代理提供的有關信息和收到的提單等單證製作鐵路運單,並辦理海關轉關手續,將海關放行單證送交碼頭,以便貨物裝箱。

7. 貨交鐵路,鐵路部門簽發運單

多式聯運經營人中轉港代理將海關放行的集裝箱裝上指定的火車後,鐵路部門簽發鐵路運單,以便多式聯運經營人在目的地提箱。

8. 傳遞貨物信息和寄送相關單證

多式聯運經營人中轉港代理應將鐵路集裝箱班列的動態向多式聯運經營人、多式聯運經營人目的地代理、收貨人報告,以便有關方瞭解班列動態,同時將運單寄送目的地代理,以便提貨。

9. 辦理海關手續,提取貨物與交付貨物

多式聯運經營人目的地代理憑加蓋海關放行章的運單,從承運人或其代理人處提取貨物,並根據收貨人交付的正本多式聯運提單將集裝箱交付收貨人。

第三節　技能訓練

1. 從成都運服裝一批經二連浩特到烏蘭巴托,分組模擬國際鐵路貨物聯運出口貨運代理業務流程。熟悉各流程,寫出所需貨運單證,畫出流程圖。

2. 從朝鮮平壤運機械設備一臺經新義州/丹東到沈陽,分組模擬國際鐵路貨物聯運進口貨運代理業務流程。熟悉各流程,寫出所需貨運單證,畫出流程圖。

3. 從西安經連雲港用海鐵聯運把貨物運往舊金山,分組模擬國際海鐵聯運出口業務程序。熟悉各流程,畫出流程圖。

4. 從新加坡經廣州用海鐵聯運把貨物運往長沙,分組模擬國際海鐵聯運進口業務程序。熟悉各流程,畫出流程圖。

5. 根據下列資料正確繕制國際鐵路聯運運單。製單資料如下:

賣方:CHINA RAILWAY INTERNATIONAL FREIGHT AGENCY CO. CHENGDU BRANCH

186 NO. BINGANREESD MIANYANG,CHINA

中鐵貨代成都分公司代長虹

買方:JV ROISON ELECTRONICS CO　羅伊遜電子合資有限公司

PT 700208 ISLOMA USMANOVA ST,71A,TASHKENT,UZBEKISTAN

烏茲別克斯坦,塔什干,伊斯羅馬,烏斯馬諾瓦 71 號 PT:700208
TEL:00998－71－1441922
FAX:00998－71－1448336
運輸號碼:FB08－0069　合同編號:20005022189－007
發站:MIANYANG,CHINA 中國　綿陽站
到達路和到站:
UZB/CHUKUSAY STATION　　烏鐵/克索伊站
通過的國境站:
ALASHANKOU/DRUZHBA　　阿拉山口/德魯日巴
車輛號:C4880648
標記載重(噸):60 噸
記號、標記、號碼:CT NO.:
　　　　　　TBJU7135940
　　　　　　(SOC)
貨物:
SF CRT21 SAMSUNG(SIMPLE)
FRONT COVER FOR CTV 21」
BACK COVER FOR CTV21」
H. S:854011150　852990590 彩電
包裝種類:40」FCL　40 尺集裝箱
件數:352
發貨人確定的重量(公斤):8,448.00KGS　　3,800.00KGS
發貨人不負擔過境鐵路的費用
口岸委託阿拉山口捷安物流公司公司辦理轉關
所屬者及號碼:P/TBJU7135940
辦理種別:整車
由鐵路裝車
封印 1 個,記號:F267211
發貨人添附的文件:發票一份、箱單一份、明細單一份

6. 計算國際鐵路聯運運費

(1)一韓商從俄羅斯進口 180 噸焦炭,經滿洲里到青島,再用海運運到東京,試計算在中國的過境運費。(註:從《統一貨價》中查出滿洲里經青島的過境運價里程為 2,986km。焦炭在貨物品名表中屬於第 27 類 4 項,過境運價等級為 2 級,每車計費重量 60 噸,口岸建設費 10 元/噸)

(2)從長春發送機器一臺經國境站圖們到平壤,貨物重 46 噸,用 50 噸貨車裝運,計算運費。(從國內價規中查出長春到圖們運價里程為 527km。機器的運價號為 8 號。根據運價率表,運價號為 8 號的貨物發到基價為 10.7 元/噸,運行基價為 0.049 元/噸公里)

國家圖書館出版品預行編目（CIP）資料

國際貨運代理實務 / 張為群 主編. -- 第一版.
-- 臺北市：財經錢線文化發行；崧博出版, 2019.11
　　面；　公分
POD版

ISBN 978-957-735-942-1(平裝)

1.貨運 2.運輸管理

557.17　　　　　　　　　　　　　　108018075

書　　名：國際貨運代理實務

作　　者：張為群 主編

發 行 人：黃振庭

出 版 者：崧博出版事業有限公司

發 行 者：財經錢線文化事業有限公司

E-mail：sonbookservice@gmail.com

粉絲頁：　　　　　網址：

地　　址：台北市中正區重慶南路一段六十一號八樓 815 室

8F.-815, No.61, Sec. 1, Chongqing S. Rd., Zhongzheng Dist., Taipei City 100, Taiwan (R.O.C.)

電　　話：(02)2370-3310　傳　真：(02) 2388-1990

總 經 銷：紅螞蟻圖書有限公司

地　　址: 台北市內湖區舊宗路二段 121 巷 19 號

電　　話:02-2795-3656 傳真:02-2795-4100　　網址：

印　　刷：京峯彩色印刷有限公司（京峰數位）

　　本書版權為西南財經大學出版社所有授權崧博出版事業股份有限公司獨家發行電子書及繁體書繁體字版。若有其他相關權利及授權需求請與本公司聯繫。

定　　價：280 元

發行日期：2019 年 11 月第一版

◎ 本書以 POD 印製發行